Lecciones Cinematográficas de

Abbas Kiarostami

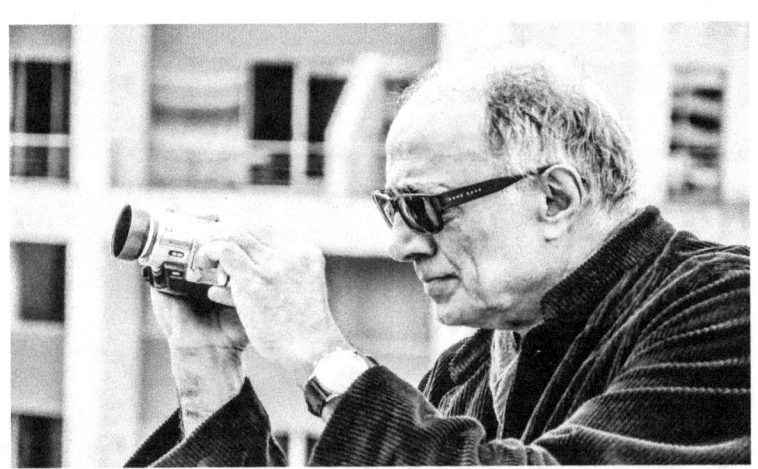

Lecciones Cinematográficas de
Abbas Kiarostami

Mahmoud Reza Sani

Prólogo de Jean-Claude Carrière

© Mahmoud Reza Sani 2013

2st Edición Impreso
(Español)

Publicó por : IMOFIS
International Moving Film School
https://www.imofis.com
info@imofis.com

ISBN-13: 978-1725896598
ISBN-10: 1725896591

Todos los derechos reservados. Ninguna parte de esta publicación puede ser reproducida con sistemas de recuperación de datos o transmitida por medio alguno, ya sea electrónico o mecánico, fotocopiado o cualquier otro, sin autorización previa de los titulares de los derechos de autor y editor.

International Moving Film School

Traducción: Consuelo Ramírez, Alireza Lalehfar
Traducción del prólogo: Claudia Castañeda
Corrección de estilo en español: Consuelo Ramírez Enríquez y Gertrudis Herrera
Diseño de cubierta: Azadeh Jahantabi Nejad
Formato: Melanie Hughes

Este libro está dedicado a mis maravillosos padres, a los amigos que han creído en mí y a los soñadores que tienen una historia que contar.

Contenidos

Agradecimientos	ix
Prólogo	xi
El Encuentro	1
Ventajas del Taller	2
El Arte te hace Pensar	4
Adquirir Experiencia es la mayor Ventaja de hacer Cine	5
Trabajamos duro cuando Tenemos Límites	6
Obreros Trabajando	7
La Esencia está en la Diversidad	9
¿Hay Diferentes Versiones de la Realidad?	11
La Realidad proviene de nuestra Realidad Personal	13
La Realidad emerge de nuestra propia Cosmovisión	15
El Lenguaje de la Comunicación	25
La Belleza es dolorosa y difícil de Silenciar	26
Las imágenes en la poesía de Kiarostami y su cinematografía poética	27
El tercer Ojo de los Cineastas	29
Hacer Cine es como un Juego Infantil	31
Expresarnos a través de la Imagen	32
Confíe Sólo en lo que Ve	33
El Valor de la Banda Sonora	36
Nuestro deber en el Cine es Eliminar todos lo Innecesario	39
El Primero y el más Importante Espectador de la Película eres Tú Mismo	43
Trate de Hablar en Síntesis	44
El Mundo es el Trabajo y el Trabajador es Dios	47
Una Película siempre comienza sin Introducción	51
Tener Confianza en Sí Mismo	53
Dirigir Actores implica, de cierto modo, Actuar	60
Para Dirigir es esencial Seleccionar lo Válido y Eliminar lo Baldío	62
El Final de cada Película tiene que ser Contundente, porque en él demostramos nuestra Tesis	65
La Síntesis es Primordial	66
Defina bien su Historia	69

La Imagen se separa por sí misma de la Literatura	73
Las Historias están en todas partes, si se mira la Realidad con Imaginación	75
Mi Padre se quitó la vida con el Trabajo.	77
Usted debe dar un giro a sus propios Conocimientos	79
El Vídeo Arte convierte la Fantasía en Realidad	81
Todavía estoy buscando un Bastón.	84
A Veces la Historia es Demasiado Complicada	86
El Cine no Necesita cosas Extrañas	89
No Debemos imponer nada a nuestros Personajes	91
Si queremos Escuchar debemos Aprender a estar en Silencio	94
Tú puedes convertir una Historia en Documental	96
Epílogo	101
Sobre el Autor	
Sobre Al lector	

Agradecimientos

Me gustaría agradecer a las siguientes personas por su apoyo, asesoramiento y ayuda a la hora de hacer realidad este libro. Yo no podría haberlo hecho sin vosotros.

Muchas gracias a mi buena amiga Melanie Hughes por toda su dura labor en la edición. Igualmente a Consuelo Ramírez, Ahmad Natche y a Ahmad Taheri por su ardua labor de traducción y correc- ción de la versión española y el taller. Gracias a mi editorial en Irán, Moein, y a Mohammed Sharif por su experiencia en la edición.

A mi mejor amigo, Gonzalo Ballester: la razón por la que llegué a Murcia, primero para hacer nuestro taller y después, concebimos de conjunto la idea del IBAFF. Su familia me acogió como suyo y por eso les estaré siempre agradecido. No puedo olvidar al maestro sufí Dr. Pablo Benito (padrino del IBAFF) y todo lo que he aprendido de él.

Me gustaría dedicar agradecimientos especiales al escritor, director y artista Jean-Claude Carrière por su cálida hospitalidad en París, su asesoramiento y el emotivo prólogo que escribió para este libro.

Por último, me gustaría expresar un gran agradecimiento al maestro Abbas Kiarostami por permitirme una mirada a su mundo y dejarme escribir este libro. Siempre le estaré agradecido por su paciente guía y consejos mientras avanzo en esta vida.

Prólogo

El refugio de sus lecciones

Las clases de cine solo pueden ser impartidas por un cineasta que nunca las haya recibido; de lo contrario, repetirá las recomendaciones adquiridas de sus maestros y reproducirá las mismas películas que le han dado como modelo, por tanto el cine, paralizado en una formula estéril, no iría más allá. A diario somos testigos de que los profesores estadounidenses de guión repiten las viejas recetas y nunca han sido capaces de escribir, ellos mismos, una obra digna de ser imitada. El resultado es un cine repetitivo: precisamente lo contrario de lo que nos gusta apreciar. Otro tanto sucede con la literatura: si sólo nos contentamos con aplicar las reglas poéticas, podríamos escribir todo sobre nuestras vidas, pero nunca seríamos capaces de producir un verdadero poema.

Recibir las lecciones de Kiarostami es, en primer lugar, aceptar que jamás podremos realizar las mismas películas que él realizó. Es, por lo tanto, negarse a copiarlo. Cada uno de sus filmes tiene algo novedoso que solo pertenece a él, pero si lo imitáramos se convertiría en algo banal. En otras palabras, un profesor de cine, si es, además, cineasta, puede enseñar "cómo hacer" pero nunca "qué hacer", esto, debe descubrirlo por sí mismo cada estudiante.

Por lo tanto pienso que Abbas Kiarostami es el vivo ejemplo de un cineasta que a partir de una base muy simple, cercana a veces al documental e inclusive al reportaje, ha sabido trazar un estilo personal que nos asombra desde hace 30 años. Kiarostami conoce el trabajo de aquellos que llamamos los grandes maestros del cine, pero no los imita. Por momentos, hasta nos da la impresión que trata de alejarse de ellos. En cada una de sus películas tal parece que él hubiera acabado de descubrir algo.

Es importante hacer nuestro ese rechazo suyo a cualquier imitación, y si algo debemos captar de esas clases tan precisas que nos imparte, es la fuerza que le ha permitido renovarse sin cesar, atravesando dificultades de toda índole, realizando sus películas con limitados medios técnicos y financieros. De él debemos tomar sus lecciones de audacia, y sobre todo sus lecciones de rechazo a la copia en sí.

No podemos seguir trabajando incesantemente sobre los mismos estilos: sorprendámonos, exploremos nuestras posibilidades de expresión hasta lo más profundo y secreto de nosotros mismos: ahí está la verdadera lección de Kiarostami, y es nuestra responsabilidad recibirla, entenderla y nutrirnos de su ejemplo para encontrar así nuestra individualidad, nuestra necesaria singularidad, que es, definitivamente, la que nos hablará a todos.

Jean-Claude Carrière
Mayo 12, 2013

El Encuentro

En febrero de 2012 el Festival Internacional de Cine de Murci, IBAFF, invita a Abbas Kiarostami a España para entregarle el premio Honorífico de Ibn-Arabi, por la obra de toda una vida, organizado por el Centro Cultural de Puertas de Castilla de Murcia. Se le pide además, que imparta un taller de diez días para 35 estudiantes de diferentes partes del mundo, por supuesto, llenos de entusiasmo y expectativas. Viajé con él a Murcia y participé en el taller. Durante esos días no sólo aprendimos de cine, sino también de la vida, por ello sentí la necesidad de dejar algún testimonio de este fecundo encuentro.

Ventajas del Taller

Kiarostami piensa que la principal diferencia entre su taller y otras escuelas radica en que él propicia que los estudiantes empiecen a hacer películas a partir de cero y sobre todo ¡sin miedo!

Sucede con frecuencia que algunos graduados de Cine no tienen el coraje necesario para hacer su primera película, muchas veces porque tienden a incluir todos sus conocimientos en una sola obra. Ellos estudian durante muchos años y por lo general tienen varios guiones al acecho de un productor, pero si no tienen suerte poco a poco se van decepcionando.

Sin embargo, en los talleres, los estudiantes comienzan su trabajo más desinhibidos, porque no existen inversiones, sino exclusivamente el afán de expresarse mediante la creación. Las obras mejores o peores sólo resultan experiencias, no *éxitos* o *fracasos*. Los talleres tienen una eficacia demostrada; la mayoría de los participantes terminan las sesiones con una o dos películas, aunque anteriormente no hayan hecho ninguna. Las clases duran aproximadamente diez días y se trabaja en varias películas con diferentes historias en las mismas locaciones. Pero más importante aún que este logro inmediato es la tendencia a hacer nuevos amigos por lo que estos talleres suelen ser terreno propicio para futuras empresas. Los estudiantes eligen trabajar individualmente o en grupos. Aunque Kiarostami trabaja generalmente sólo, también recomienda no privarse del placer del trabajo colectivo. El comienzo es encontrar una historia y exponerla en el grupo, entre todos se analizan los puntos positivos y negativos, definiéndose además la diferencia entre las historias. Pueden ser ficción o documental. Cuando el maestro da el "visto bueno "a las ideas comienzan a trabajar.

Al día siguiente visitan los lugares cercanos, por lo tanto miran a su alrededor con otro punto de vista y encuentran en un mismo sitio diversidad de detalles útiles al audiovisual que están por comenzar, y según Kiarostami, invisibles para quienes no se dedican a esta profesión.

"Nuestro proyecto en el taller de Cecil fue nombrado 'Un día de tiroteo,' teníamos que terminar nuestro tiroteo en un día; pero más tarde tuvimos que cambiar el plan de rodaje porque algunos estudiantes desearon repetir los planos que consideraron más débiles. Tal decisión trajo por consecuencia que el rodaje se extendiera tres días, pero eso no impidió que cumpliéramos nuestro compromiso de tener listas las películas para el último día. Lo esencial era convencernos de la posibilidad de comenzar y terminar una película, ya que cada película que se hace en un tiempo limitado encierra en sí una experiencia única para cada estudiante, y eso es lo importante. Nueve años atrás tuve un taller en la escuela de Londres, se hizo con la ayuda del Canal 4, que mostraba cada noche la película de un estudiante, y antes de comenzar las noticias el locutor decía 'La película que veremos mañana aún no está terminada.' Era una motivación muy fuerte terminar cada proyecto en un tiempo tan limitado y resultaban deliciosas estas pequeñas experiencias, sobre todo, porque aprendíamos mucho con cada una de ellas."

El Arte te hace Pensar

"El arte no tiene juicio, pero te obliga a pensar."
~ Abbas Kiarostami

Kiarostami fue inicialmente pintor, después dio un viraje a su vida profesional dedicándose al cine. Estudió en la Escuela de Bellas Artes, pero él considera que lo que se estudia o de dónde se procede es lo menos importante. Si un artista tiene en la memoria los sonidos de una melodía puede cambiar de instrumento, y al parecer, en ese caso, no es tan difícil el cambio de un instrumento a otro.

"Estudié en la escuela de arte durante muchos años; los cuatro años normales se convirtieron para mí nada más y nada menos que en 13 años. Es que yo era muy mal estudiante, mi mente estaba delante de mi mano. Estaba constantemente inconforme con mis trabajos, porque yo sabía que estaban mal, y creía que mi habilidad en la pintura había llegado a su límite. Entonces empecé a hacer clips de publicidad, también dibujé para los niños. Tenía pocos libros para niños, y luego hice algunas obras gráficas y carteles hechos y presentaciones de créditos cinematográficos. Más tarde me sentí atraído por la idea de realizar cine. Yo sabía que no iba ser tan perezoso en eso."

Adquirir Experiencia es la mayor Ventaja de hacer Cine

Kiarostami no se reconoce a sí mismo como cineasta profesional, quizás por ello realiza sus talleres en diez días. Ha llegado a la conclusión, después de pasar 50 años en el cine, que obtener siempre nuevas experiencias es lo mejor de este trabajo. Por eso su mayor aspiración al comenzar estas clases es experimentar cosas nuevas con los demás, esto lo hace sentirse realizado, y es la clave de otra de sus cualidades excepcionales: a pesar de haber logrado antológicos largometrajes, sigue haciendo cortos. Él es del tipo de cineasta que hace algunos cortos en el mismo tiempo que le lleva realizar un par de largometrajes.

"Muchas personas piensan que el objetivo de hacer cortometrajes es realizar después grandes películas profesionales, pero no es así en absoluto, al menos no lo ha sido para mí. Me he animado a hacer cortometrajes para tener más confianza en el trabajo siguiente. Esto me permite ser entonces más osado, de manera que no pienso ni en el espectador, ni en el productor, ni en el monto de la inversión. No imparto estas clases con el fin de enseñar algo a alguien, porque prácticamente no puedo, vengo aquí para rememorar los días que tenía la edad de ustedes, esa es la razón."

Trabajamos duro cuando Tenemos Límites

Es tradicional ya en sus clases seleccionar un tema de su propia cosecha, por lo general simple. En este sentido, les limita un poco la libertad. Considera que deben ajustarse al tema seleccionado. Por lo tanto los estudiantes tienen límites para hacer la película que desearían hacer. Pero la experiencia ha demostrado que ellos se esfuerzan más cuando tienen que ajustarse a esas limitaciones.

"Cuando nos limitamos a nosotros mismos y nos quedamos en un solo espacio para trabajar, las historias vienen a ti. Es como ese prisionero que se convierte en un escultor trabajando con pastas porque sabe que está encerrado en cuatro paredes, sin lápiz ni papel o cualquier otra cosa, su única opción es la comida que le traen, la pasta. Así comienza a trabajar con ese material, sin saber ni él mismo que logrará hacer una escultura. Yo pienso que primero hace una pelota y luego la trabaja poco a poco, hasta cuidadosamente convertirla en una escultura. Este es el beneficio de los límites. No tenemos aquí los productores, sólo contamos con nuestras cámaras digitales, incluso algunos estudiantes trabajan con un móvil en la mano. Para mí eso no importa. Recuerdo que en la escuela cuando nos mandaban a hacer una composición de tema libre, a todos les costaba trabajo escoger el tema para escribir y solíamos decirle a la maestra, 'No sabemos qué escribir.' Así que cuando nos limitan el espacio donde movernos vamos lejos y encontramos historias auténticas dentro de ese confinamiento".

Obreros Trabajando

El día antes de comenzar las clases fuimos junto con Kiarostami a elegir las locaciones. Todavía no había decidido el tema del taller. Recorrimos 150 kilómetros, por diferentes ciudades y pueblos de Murcia. Él quería elegir el tema de acuerdo a la ubicación y la gente que vive allí. Quería ver el mar. Fuimos a la orilla, pero no pudo encontrar una sola persona allí. Pensé que algunos lugares indómitos lo ayudarían a decidirse por un tema, y lo llevamos a un puerto desolado con minas centenarias, pero no había nadie y la base de nuestro trabajo es la gente. Luego fuimos a un puerto de embarque, pero sólo había unos pocos operarios que movían las cargas con sus grúas. Después visitamos una fábrica de cerveza. Ese fue un lugar agradable, pero gracias a las nuevas tecnologías, las personas habían sido reemplazadas por robots, y unos pocos ingenieros eran los únicos empleados de aquella gran fábrica donde antes trabajaban tanta gente. Entonces encontramos un enorme campo de naranjos pegados entre sí y Kiarostami pensó que podría hacer una historia bajo los árboles. Nos fuimos con él, vio otros lugares y, finalmente, el tema del taller fue seleccionado, "Obreros trabajando," para esto los estudiantes tenían que hacer películas basadas en lugares de trabajo. Pensó que el sujeto quedaba así con las manos libres, ya que cada ser vivo en movimiento podría ser un tema. Aparentemente los estudiantes estaban limitados por el título de " Obreros trabajando," pero al mismo tiempo tenían libertad para hacer lo que quisieran.

"Realmente no creo que ni yo, ni ninguna persona, puede enseñar cine, o decir que usted puede aprender cine en diez días.

Lo que ocurre aquí en esos diez días es que usted será capaz de expresar lo que sabe y eso es importante. No interesa en absoluto si la película sale bien o no, lo primordial es que cuando la realiza ha aprendido a través de la realidad y no a través de las palabras de Kiarostami. También resulta agradable que usted trabaja como usted mismo, y no siguiendo modelos ajenos. Uno de los problemas de las escuelas de cine es que el concepto de buenos cineastas se basa en adquirir toda la información disponible sobre el cine. De esta manera, los encierra dentro de sí mismos, no creen en la posibilidad de hacer una obra maestra. Ante todo, usted debe preguntarse a sí mismo qué le ha dado al cine anteriormente y qué puede darle en los próximos diez días. Sin duda acercarse al cine y conocerlo por sí mismo, en la práctica, hará más obvio el aprendizaje que acercarse a través de los conocimientos teóricos. Comenzará practicando con la cámara para saber qué puede ver a través de ella, y como en un juego, sentirá que ha renacido dentro de los límites de un tiempo, dentro de los límites de un lugar, igual que un bebé recién nacido."

La Esencia está en la Diversidad

"¿Quién está familiarizado con la edición?" preguntó Kiarostami, la mayoría lo había hecho. "¿Alguien ha filmado antes?" todos habían filmado. "¿Alguien ha hecho una película?" casi todos tenían alguna. Entonces él dijo, "No importa si usted no ha hecho ninguna película, usted puede comenzar a hacer una en estas clases. Como usted hace su cine a partir de una idea, entonces, de hecho, la edición debe tenerla clara en su mente y y desde que comienza a filmar la película, esta responde a la historia que tienes en tu cabeza, lo que garantiza de antemano una buena edición."

Sinceramente, en el taller pude comprobar lo acertado de las teorías de Kiarostami. Ahmad Taheri, que era el traductor de Kiarostami en Murcia, comenzó a hacer una película con su pequeña cámara. Marta, la gerente del Centro Municipal de Cultura de Murcia, quien planificó junto conmigo este taller, asistía a las clases frecuentemente y Kiarostami se dio cuenta de que estaba interesada en hacer algún trabajo. Un día ella nos llevó a una casa de campo donde las ovejas de estaban sueltas. Kiarostami le dio una cámara y le dijo que tomara una película de las ovejas, él estaba junto a ella y la guió. Así Marta se unió al círculo de cineastas y el maestro quedó muy satisfecho con su resultado final.

"La mejor película en el taller en la escuela de cine de Londres fue hecha por una chica que nunca antes había hecho ninguna. A veces, amas de casa que asisten a estas clases logran hacer su película. Los que tienen experiencia sólo puede tener

éxito al poner a un lado sus experiencias, porque queremos trabajar con un método diferente que nos permita encontrar soluciones personales. ¿Qué habría de interesante si todas fueran iguales? La esencia está en la diversidad. Es por eso que digo en algún momento de estas clases que lo esencial es definir qué es lo que le gusta y qué es lo que va a buscar. Descubrirá que el cine es más simple de lo que enseñan en las escuelas. Se realiza con sólo mirar y experimentar. Lo primero es saber mirar y luego tratar de dirigir esa mirada. La técnica, en mi opinión, se puede aprender en sólo cuatro semanas."

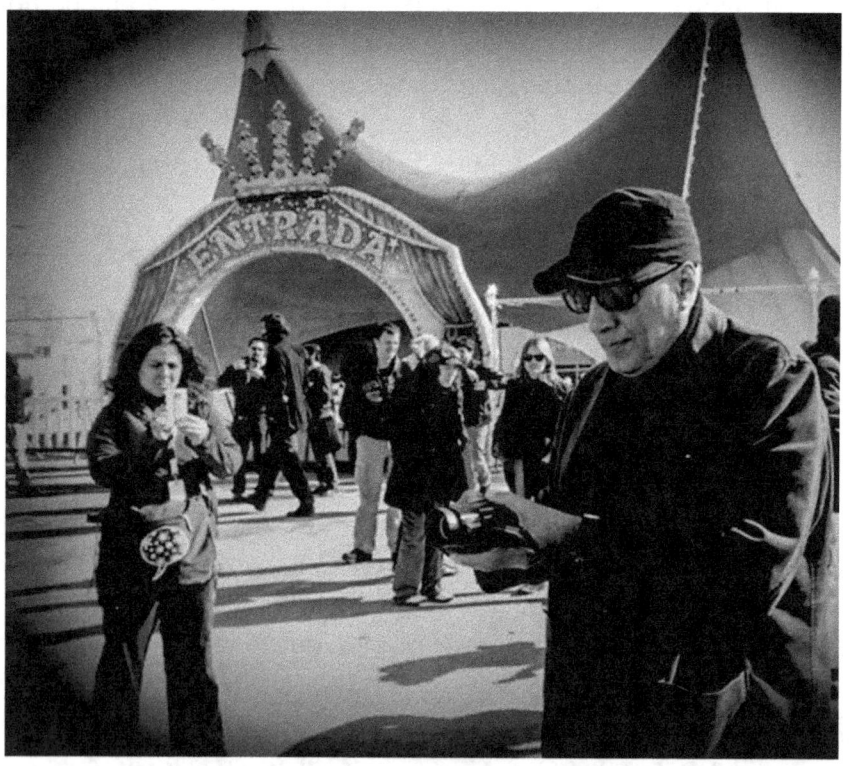

Abbas Kiarostami frente al Circo Italiano en Murcia, España.

¿Hay Diferentes Versiones de la Realidad?

Es el primer día de clases. Kiarostami suele mostrar algunas películas hechas en los talleres anteriores. Eligió una película llamada "Cinco," que incluía algunos cortometrajes. El primero de estos fue un corto de 17 minutos llamado "Huevos de Gaviota." Kiarostami se había quedado por una semana en la casa de un amigo, estaba cerca de la playa y decidió hacer una película sobre el mar.

La película comienza con la escena de unos huevos que están en una poceta en medio de las rocas en una playa. Cada ola del mar estaba a punto de llevarse los huevos. Durante los 17 minutos el mar estuvo rodeando y tratando de llevarse los huevos, finalmente tuvo éxito. Kiarostami dice, "Tan simple pero compleja."

Una estudiante pregunta "¿Por qué pensamos que la cámara tiene que decir la verdad?"

"¿Qué tipo de pregunta es esta?" responde Kiarostami. "¿Por qué pensamos que la cámara tiene que decir la verdad? ¿Siente usted esa responsabilidad sobre sus hombros? Si es así, ¿por qué?"

"¿Hasta que punto miente el cine que apunta a la subjetividad para expresar la realidad?" la estudiante abandonó su pregunta, pero el maestro no quedó convencido y le pidió."

"Por favor, simplifique su pregunta, sólo quiero hablar de la película, saber su opinión. Yo puedo responder su pregunta a través de su opinión. ¿Está usted preguntando acerca de esta película en particular, o la pregunta es general?"

La joven es estudiante de filosofía, se llama Clara y repite su pregunta de manera más simple, "Esta película es una verdadero ejemplo de objetividad, ha reflejado la realidad de la manera más fiel posible, ¿cierto?"

Kiarostami le responde: "Esta película no tiene absolutamente nada de real. Ahora, cuando la vi, me di cuenta de que no es la única versión, tengo otra. Así que, ¿cómo puede ser exactamente la realidad si tengo diferentes versiones?"

Una pregunta me pasó por la mente: "¿Es que hay diferentes versiones de la realidad?"

La Realidad proviene de nuestra Realidad Personal

Los estudiantes deben demostrar su propia realidad a partir del lugar, las personas y los sucesos que ven. Existe una sola realidad, lo que sucede es que cada uno de nosotros la percibe a su manera. Ahora los estudiantes deben ir a la locación para ver lo que pueden hacer.

Nosotros fuimos a ver las locaciones para el taller. En el camino a Murcia pasamos por un lugar lleno de limoneros y naranjos a ambos lados de la carretera. Kiarostami estaba fascinado con la belleza de la locación y me dijo: se podrían contar muchas historias, tendríamos que pasar algún tiempo para ver lo que podemos conseguir porque el sitio es brillante, hermoso y lleno de historias. Puede haber dos personas bajo los árboles o varios trabajadores, y una persona desaparecer, no sé lo que podría pasar. Muy buenas historias podrían salir de aquí, tragedias e incluso un asesinato.

"Imaginemos que estamos prisioneros en un naranjal. Newton descubrió la gravedad de manera similar, él estaba en un jardín y una manzana cayó al suelo. Tenemos una playa con sus pescadores, creo que allí pueden suceder buenas historias. Mahmoud y yo vamos al mar a las tres de la mañana, a ver lo que podemos atrapar. Ustedes han venido de muy lejos, hemos venido a jugar, y es cierto que este naranjal pertenece a alguien que hace dinero con ello, pero vamos a aprehender algo más. Los pescadores se hacen a la mar a las tres de la madrugada para pescar, pero

cuando nosotros vamos al mar tendremos algo más en nuestra red porque por suerte o por desgracia, no somos como los demás: buscamos algo más. Vamos a buscar y seguir nuestro juego mental. Por eso no tenemos nada que ver con la realidad, vamos a convertir la realidad en algo diferente; la vamos a convertir en nuestra realidad personal. Estamos viendo el mar que es real, pero como cineastas tenemos que darle un nuevo significado. Aquí es donde el arte consigue un equilibrio con la filosofía. Pero el arte y filosofía no existen para probar la existencia. Ellos existen porque hacen una ruptura con la realidad y expresan esa realidad de nuevas formas. Pero hay normas y para jugar a estos juegos es necesario respetarlas, para poder cambiar el significado de algo a otra cosa. Así que una vez que decidimos que vamos a hacer una película sobre el agua, hay que imaginar varias versiones de lo que podría pasar con el agua. Naturalmente que el agua da la vida, pero también puede quitar la vida. Así que, como digo, si cinco o seis de nosotros nos sentamos debajo de un árbol, vamos a tener cinco o seis versiones diferentes de una misma historia. Si usted va al mar con los pescadores en medio de la noche experimentará algo que los demás no perciben, de lo contrario usted ha elegido una profesión equivocada. Aquel pescador tiene un pez, lo pesa y lo vende, pero un cineasta debe ver algo más, relacionado con sus experiencias personales, que han ido configurando su propia cosmovisión. Esto es totalmente personal y también del todo social. Así que si eres fiel a ti mismo y si no temes ser deshonrado al exponer lo que quieres (Se ríen), cuando termines tu obra, en este mundo en algún lugar, hay gente que va a simpatizar contigo. Nosotros no elegimos nuestro público, sino que somos elegidos por éste. Si logramos encontrarnos y expresarnos a nosotros mismos, si conseguimos el privilegio de la autenticidad al dar nuestra propia visión de una realidad determinada, siempre habrá espectadores que se sientan satisfechos y enriquecidos vivencialmente con nuestra obra."

La Realidad emerge de nuestra propia Cosmovisión

La película "Huevos de gaviota" era 17 minutos tomados de la realidad, pero Kiarostami hizo otra versión de 15 minutos de duración, también de la realidad. La actual era el resultado de grabar dos días durante seis horas y todo era una farsa. Kiarostami y su amigo compraron los huevos en el mercado para hacer la escena. La película no fue hecha con una sola toma como los espectadores imaginaron. Él hizo casi 30 planos que vimos como uno solo. Esto significa que hubo un control sobre la realidad.

"El mar se calmaba después de cada ola, el mar se llevó un huevo, y después atacaba cada vez que tenía hambre. Teníamos una cámara colocada allí haciendo su trabajo. Así que contamos con varias posibles realidades. No se puede poner los huevos allí y dejarlos, estos huevos deben ser controlados. Si hay algo bajo nuestro control deja de ser la realidad. Esa fue mi versión de la realidad en ese momento y en ese día. Cualquier película que hacemos es lo mismo. Cualquier hombre que se mueve frente a la cámara ya está fuera de su propia realidad, que es sólo una parte de la realidad. "Huevos de gaviota" fue tomada en dos días diferentes, un día en que el mar estaba en calma y no se llevaría a los huevos y otro día cuando se llevó todos los huevos en menos de un minuto. Fue difícil grabar, caíamos hacia abajo por las rocas, mi asistente resbaló varias veces. Puso los huevos allí y vino para arriba feliz, pero cuando se volvió y miró a los huevos fueron llevados por las olas. Entonces editamos los dos días de

rodaje. Emplazamos la cámara fija y seguimos cambiando los casetes, creo que se utilizaron diez. Luego editamos uniendo el mar en calma con el mar inquieto. Podía hacer esta película, siempre y cuando durante 90 minutos pudiera grabar el mar en calma, y podía decidir cuándo vendría la próxima ola a llevarse los huevos. También esta película puede ser editada para tres minutos, pero entonces no sería tan interesante, porque el drama estaba realmente en la duración. El ritmo le dio un sentido, el mar se calmaba cada vez que se comía un huevo, pero cuando tenía hambre de nuevo atacaba y tomaba otro. Así interferimos, cambiamos la realidad y dramatizamos otra realidad."

Un estudiante joven de Brasil dice: "El efecto de sonido nos da la idea que las aves contaban la historia y vinieron para llevarse los huevos con el entusiasmo."

Kiarostami: "No había aves. Todos los huevos eran de ganso, no eran huevos de la gaviota porque no hubiéramos podido encontrar ninguno. Ahora, ¿quién querría saber qué tipo de huevos estaban en el camino? Los coloreamos un poco naranja y contamos nuestra historia con la ayuda de un efecto de sonido, cada vez que un huevo era tomado por el mar, una gaviota gritaba. Usamos esos efectos sonoros y formaron parte de la historia. Ahora creerán que sólo pusimos la cámara allí y todo sucedió inmediatamente. Pregunté a un estudiante una vez cómo se hizo esta película y contestó, 'Pasaba, vio los huevos puestos allí, fijó su cámara y filmó.' Entonces le pregunté cómo iba yo saber lo que podría pasar y por qué debería yo molestarse en poner mi cámara allí. Debe saber lo que va a grabar y lo que quiere hacer, no dejar esto a posibilidad o a la suerte y decir, 'Espero que pase.'"

Otro estudiante pregunta "¿Pensó que existía la posibilidad de que el mar no se llevara los huevos?"

Kiarostami le responde: "Pensé, de hecho, como creador, debo dictar cómo actúa el mar, y el mar debe venir y tomar los huevos siempre que yo lo diga. Por supuesto sabemos que no es posible involucrar al mar en esto... el mar preguntaría, '¿Quién es usted?' Podría suponer que el mar me dijo 'Mire usted, haga sus tomas durante mis días tranquilos, y haga sus tomas durante mis días inquietos, luego váyase a casa y resuélvalo.'"

Estudiante: "Entiendo que no debemos dejar cosas en manos de la casualidad: escribimos y planificamos el trabajo desde el principio, pero cuando nos encontramos los límites de las condiciones reales, ¿debemos cambiar las condiciones o debemos cambiar lo planificado?"

Kiarostami: "Ambos. Debemos ver que es más importante, nosotros o ellos... cuando siento que el otro lado es más fuerte, como en esta película que han visto, entonces digo, el mar es más fuerte que yo, por lo tanto no debo luchar con el mar y debo encontrar una manera de poner su naturaleza salvaje bajo mi control. Por lo contrario, pudiera el otro lado ser más débil y entonces es cuando decimos, soy más poderoso y pensamos en una solución hacer lo que queremos hacer"

Ahora, te pido que veas un corto de seis minutos conmigo y te diré en que partes me rendí y en que parte logre lo que quería. Vimos otra película "Madera," uno de los cortos que formaban parte de "Cinco." Una pieza de madera está tirada en la costa, las olas entran despacio, fragmenta la madera en piezas y se lleva una pieza con ella. Después de ver la película, sabiendo que no debieron dejar todo a la casualidad, nos preguntamos, "¿Cuántas horas había rodado Kiarostami hasta que la madera se rompiera y se fuera con las olas?" Nos dijo que colocó una pequeña cantidad de explosivo dentro de la madera para ser activado en el momento preciso.

"Por otra parte, ¿no iría después el sujeto, porque qué haría si la madera no se hubiera roto? ¿Cuánto puede esperar? ¿Cómo hacer para que la ola tome una pieza y deje el resto? Bien, una pieza se puede atar a una cuerda transparente, se puede atar en algún sitio donde sea posible tirar. Por tanto la mitad se queda y la mitad va. Pero yo estaba bromeando acerca de las cuerdas (se ríe), nosotros estábamos justa y afortunadamente donde alguien dijo vete de aquí. El momento en que la madera vuelve hacia nosotros se hizo espontáneamente, sólo lo rompimos."

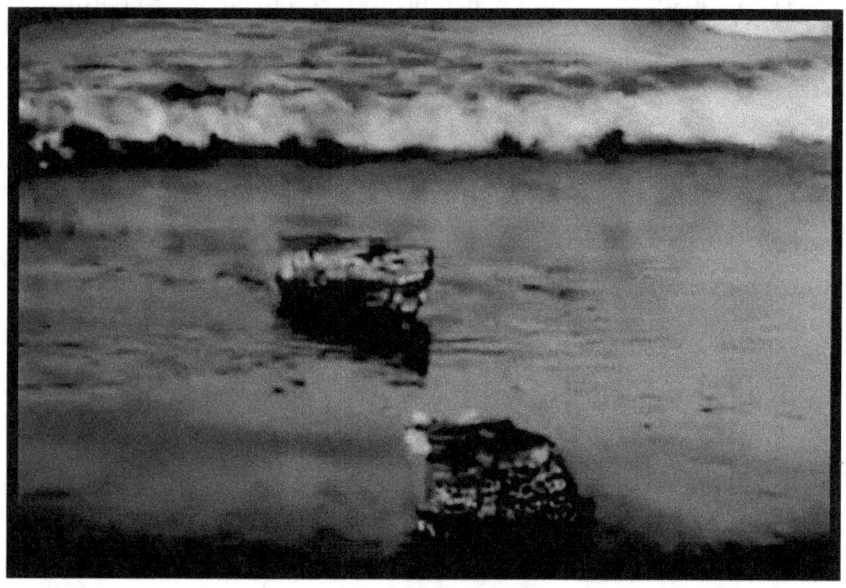

De la película "Madera." Cortesía de Abbas Kiarostami.

Kiarostami cambió la esencia explotando la madera y se expresó haciéndolo pasar por realidad. Logró algo que él quiso que pasara. Quisimos saber si era posible en las películas hacer lo mismo con las personas, si podríamos cambiarlos del modo que quisiéramos. Kiarostami nos dijo que sí era posible y lo había hecho. En su película llamada "Donde está la casa del amigo" pidió que el muchacho tomara el cuaderno por equivocación. La historia era real, pero el muchacho, que era el protagonista, no sabía que hacer. Naturalmente, un muchacho de pueblo, como él, creyó lo que le explicaron,

Kiarostami le dijo que vinieron de Teherán para darle el cuaderno a su dueño. Al mismo tiempo su cámara corría y el muchacho se sintió culpable todo el tiempo se estaba filmando. Finalmente, después de un mes de rodaje, le dice al muchacho que sabían todo y que se eligió para jugar en la película: no hay ningún cuaderno implicado. Usó el mismo método en otras películas que gustan "Close Up" y "El Sabor de la cereza."

Él considera que en condiciones especiales se puede crear un ambiente así hasta para actores hasta profesionales, por lo tanto interpretan los sentimientos según los deseos del director. Este método resulta evidente en la película "A Través del Olivo". Todo el tiempo se estaban aprovechando del protagonista y durante el rodaje se había enamorado de la muchacha en la realidad. Así era capaz de crear verdaderas escenas.

"En "El Sabor de las cereza" un soldado real en su Jeep va con el protagonista. Tienen una larga conversación. Yo me sentaba al lado de ellos, pero no les di guión. Al actor le conté la historia para que improvisara los diálogos. El soldado no sabía que estaba actuando para una película. Estaban sentados junto a mí, en coche por la colina en una carretera con curvas. Nadie más. Yo me hacía cargo del micrófono y la cámara se fija en la ventanilla y el botón de encendido / apagado en mi mano. Sin el equipo habitual de realización. Le dije al soldado que íbamos a un trabajo. Me preguntó qué tipo de trabajo. Como no le di una respuesta concreta, seguía preguntando. Le hice sospechar de mí, mirándolo de forma desagradable. Luego, lentamente, preguntó '¿A dónde me llevas?' le dije 'No preguntes' (con voz desagradable). Luego dijo: 'Bueno, yo sé lo que tengo que hacer.' Y le respondí 'Te lo dije, no preguntes.' Estaba completamente nervioso y ansioso por saber a dónde íbamos y por qué razón. Se puede ver en la película lo real que eran sus sentimientos. Cuando paramos el coche, realmente comenzó a correr por la colina. (Todos ríen). Durante

el rodaje, le dije al abrir la puerta y '¡Corre!' por supuesto, lo hizo y lo filmé. Entonces, coloqué la cámara del otro lado y senté al protagonista en mi asiento, después lo arreglé todo durante la edición. Ahora, surge una pregunta, '¿cuánto derecho tenemos a obligar a nuestro actor a esto?' Más adelante discutiremos el tema con más detalles, para ver cuán lejos podemos llegar y con quién podemos emplear este método. Yo hice lo mismo con el Sr. Homayoon Ershadi, quien protagonizó "El Sabor de la cereza," le pedí a mi sonidista que grabara, a sus espaldas, mi voz diciendo 'Bueno, desafortunadamente, no fue una elección acertada, él tiene una buena fisonomía, pero le falta talento.' Después, el sonidista reproduce lo grabado para él y algo tan simple fue suficiente para mantenerlo en total depresión mientras hacíamos la película; él se sentía un inútil. Como es sabido, más tarde se convirtió en un actor profesional, pero aún así, en ninguna otra película él ha estado tan bien como estuvo en "El Sabor de la cereza". Fellini lo utilizó y dejó constancia de ello en sus memorias. En una escena en la que su esposa interpretaba el rol de una prostituta, le gritó justo en frente de una multitud que 'Bueno... no tienes que actuar, estás interpretando tu propio personaje.' Se dijo en la calle delante de todo el mundo. Ella logró una actuación estelar en esa escena, porque las lágrimas eran bien reales. Naturalmente, él la abrazó y la besó más tarde con disculpas y explicando que se trataba de una manera de incentivar su interpretación. Ella lo agradeció. Y es que nuestra profesión tiene como objetivo lograr determinados resultados. Si los resultados son buenos a mí no me importaría ser aquel pedazo de madera y estallar. Actores no profesionales pueden lograr buenas actuaciones si les creamos sentimientos reales y ello no se consigue de manera directa, o sea, a través de un guión. Hay que conseguirlo indirectamente. El verdadero sentimiento hay que crearlo, no reproducirlo por un libreto. Si usted va a filmar una escena triste, debe preparar la mente de los actores y actrices desde la noche anterior para que duerman con la tristeza y a la mañana siguiente estén listos emocionalmente. Igualmente si es una escena alegre, debe hacerlos felices la noche anterior. Actuarán de manera muy orgánica. El director les pide que digan los diálogos y el resto va por ellos. He trabajado con pocos profesionales durante casi 40 años y como les cuento he conseguido credibilidad en las actuaciones. Trabajando en Japón conocí a un extra de 83 años que me dijo que había hecho cine durante 60 años, pero nunca había podido decir un bocadillo. Era un extra de última fila. Naturalmente, yo no podía hablar con él directamente pues no sé japonés, pero le comuniqué mis intenciones a través del traductor y logró una excelente actuación. Comprendí que aquel hombre había estado esperando su momento durante mucho tiempo. Después de llegar a conocer a alguien es que podemos obtener de ellos la gama de sentimientos que necesitamos."

Estudiante: "Usted ha dicho que debemos tener el control de todo, ¿ahora qué pasa si no lo hacemos?"

Kiarostrami: "¿Qué has dicho que hiciste antes de venir a mi clase?"

Estudiante: "Escultura y fotografía"

Kiarostrami: "¿Qué es lo que se utiliza para la escultura? ¿Cuál es usted el material?"

Estudiante: "Madera, papel, diferentes materiales."

Kiarostrami: "¿Qué es lo que utilizas para la fotografía?"

Estudiante: "Mi cámara."

Kiarostrami: "¿Y qué pasaría si no controlas tu cámara, si no manejas el obturador controladamente?"

Estudiante: "Puede que tenga resultados más interesantes de lo que esperaba."

Kiarostrami piensa un poco y dice: "Bueno, eso es cierto. Puede cumplirse para nosotros también, pero la norma debe ser conseguir el control, porque la casualidad tiende a ser traicionera cuando tenemos trazado un proyecto. Debemos controlar todo y, a continuación, dejar que las cosas muestren su verdadera naturaleza. Por ejemplo, en mi película "Cierran" yo no podía controlar los reproductores de abrir y cerrar. No les podía indicar a los actores cuando parpadear. A veces parpadean cuando usted no lo espera, y el sentimiento que este gesto comunica, mezcla del control del director y la personalidad del actor, puede resultar conveniente o no en un momento dado. Hay un bonito poema de Rumí, que significa 'Soy yo quien te pone en movimiento, te doy el primer paso, pero luego te tengo que seguir.' Así que le doy el primer golpe, pero después me convierto en seguidor."

Otro estudiante: "Al final de la película de "Cierran" cuando la persona se sustituye por el director de cine, una parte del sonido se desconecta, ¿es esto realmente un mal funcionamiento o lo hiciste a propósito?"

Kiarostami: "Lo hicimos a propósito. Obtuvimos una toma pésima, que no podíamos repetir. Me quedé pensando qué hacer. Fue una noche muy amarga. Lo único que podíamos hacer era cortar el sonido. Renoir, el pintor, tiene una anécdota famosa; estaba terminando un cuadro y cuando fue a firmarlo, un poco de pintura salpicó la obra arruinándola. Para tapar la mancha pintó sobre ella una silla. Pero luego pensó que la silla no era buena, pues no era parte armónica de la composición, por lo tanto, era un defecto, al igual que la mancha. En muchos casos, cuando las cosas que no nos gustan o no salen como queremos, creamos otro defecto tratando de disimularlas. Resulta mejor en ocasiones asumir el defecto original. Es como convertir lo malo en bueno."

Otro estudiante le pregunta: "¿En esos casos, qué usted considera correcto mientras hace sus películas, decir el problema o qué parezca que no es un problema?"

Kiarostami: "Depende de la situación. No siempre se puede sacar algo bueno de algo malo. Algunas cosas malas no tienen remedio y hay que abandonarlas (se ríen) y si usted es inteligente no pierda tiempo en eso que nada bueno va a salir de ahí. Pero si es verdaderamente bueno lo que tenemos en mano, no podemos dejarlo, hay que asumirlo con imperfecciones inclusive. ¿Puedes ponerme un ejemplo concreto?"

Estudiante: "Por ejemplo, si un actor dice su diálogo estelarmente una vez y la toma se estropea por otra razón, y en las siguientes tomas no logra tan buena actuación, ¿qué usted recomienda?"

Kiarostami: "No se puede hacer nada si usted no ha elegido a la persona adecuada. El elemento más importante que garantiza su trabajo es la selección correcta del casting. Tiene que contar con un buen elenco, capaz de superarse cada vez. Le recuerdo que en los actores se apoya básicamente nuestro trabajo."

Estudiante: "¿Alguna vez has tenido que señalar incapacidades a tus actores o actrices durante la producción?"

Kiarostami: "No, no puedes hacer eso. Las mejores actuaciones se logran desde antes y nunca durante la filmación. En eso nos parecemos a los entrenadores de football, que hacen todo el trabajo antes del partido. Tenemos que conocer las habilidades y reacciones de los actores y actrices con antelación y dejarlos hacer durante el rodaje. Ponerlos en la posición correcta y cuando comienza la filmación, sentarnos a mirar y disfrutar. Creo que los directores que saltan en medio de un rodaje no conocen su trabajo. Creo que un buen director es aquel cuyo trabajo se termina cuando se inicia la filmación. Por supuesto que hay momentos en los que se puede indicar que no salte al centro, sino a la derecha o a la izquierda, que mire hacia abajo o hacia arriba o decir 'Da vuelta y mira a la ventana,' pero no se puede hacer tal cosa en medio de una escena emocional."

"Mi película en Japón fue la más difícil de mi carrera. Tanto que a veces me despertaba en medio de la noche con ganas de hacer las maletas y huir a Irán y dejar la película sin terminar. El deseo de huir me hizo sentir mejor. Me enteré de eso más adelante. Elegí el país equivocado y no pude seleccionar mi equipo de trabajo. Algo así como un matrimonio a la fuerza (se ríen). Yo elegí a los actores y actrices, pero no al equipo de realización. Elegir el personal adecuado garantiza en buena medida el éxito de su trabajo. No sé por qué a veces estamos tan confiados sin razón. El exceso de confianza es de perdedores. Si las personas no son lo que usted quisiera, no hay nada que hacer. Esto no se limita a la selección de los artistas, se extiende a todas las esferas de la vida. Algunas personas piensan que pueden cambiar a otras, y con ello sólo logran poner a ambas partes en una situación incómoda. Todos debemos saber que nadie cambia. Y si cambia es muy poco. Si creemos en el cambio y queremos cambiar y mantener nuestra pareja, tenemos que intentar cambiar nosotros mismos y no pretender que el otro lo haga."

Kiarostami recuerda a los estudiantes de nuevo que el título del taller es "Obreros Trabajando," y les recomienda pensar cuando termine esa sesión en la historia, la locación y los personajes. Les insiste en que cualquier cosa que se mueva puede ser considerada como un proyecto, porque de seguro, detrás de eso hay una historia. Debemos aprender a comunicar eficazmente, que no es más que expresarnos sincera y satisfactoriamente.

El Lenguaje de la Comunicación

Kiarostami ha hecho más fotografía que cualquier otra cosa durante años. Piensa que la comunicación es un trabajo duro y difícil de lograr con nitidez. Sabe que el lenguaje hablado, pese a ser el medio de comunicación más directo, también es fuente de malentendidos, por lo que considera necesario simplificarlo al máximo. Por eso prefiere a la fotografía como medio de expresión.

"He estado en la fotografía desde hace más de 30 años. Puede convertirse en el lenguaje más directo entre las personas. Pero es muy importante saber lo que queremos de antemano. Conocer nuestro objetivo es primordial. Luego, hacer las fotos y comprobar si cumplen nuestras expectativas. Lograr expresar claramente lo que queremos mediante la fotografía es ya bastante difícil, pero si no sabemos lo que queremos se torna una labor imposible. Muchas personas no saben lo que quieren en la vida. Van probando diferentes situaciones y luego se preguntan si es eso lo que buscaban. Mañana tomaremos nuestras cámaras y saldremos a buscar algo. No pretendemos obras maestras, nadie ha invertido para que le hagamos una película. Simplemente, vamos a buscar, mediante la cámara, la manera de expresarnos sincera y satisfactoriamente."

La Belleza es dolorosa y difícil de Silenciar

La alta tecnología de nuestra era pone al alcance de mucha gente la posibilidad de hacer películas, y por ello se producen tantas todos los días en el mundo. Por supuesto que la mayoría son intrascendentes. El resultado estético de la cinematografía de Kiarostami es tan contundente, que hay planos que se mantienen en la mente de gran parte de sus espectadores. Los estudiantes del taller quisieron saber la fórmula y se la preguntaron al maestro.

"Tal vez la razón es que no hago nada pensando en su exhibición posterior ni en los juicios que se emitirán de mi trabajo. Simplemente busco belleza. Expresándola sin la interferencia de otras pretensiones, logramos encontrar el fenómeno, porque la belleza es infinita e inesperada. Una vez descubierta y capturada, permanece para siempre con quienes la disfrutan. Por eso dicen que es dolorosa e imposible de soportar en soledad. Una vez encontrada, compartir la belleza con los demás resulta una necesidad imperiosa. Es tal el poder de la belleza, que no la podemos silenciar."

Las imágenes en la poesía de Kiarostami y su cinematografía poética

El cine de Kiarostami es poético. Pero este cineasta también escribe poemas. O sea, puede decirse que es un poeta que, además, realiza filmes. ¿Cuál es la relación entre sus películas y la lírica? En su país, Irán, todos los de la generación de Kiarostami escriben o leen poesías, a tal punto que los analfabetos las repiten por tradición oral. La poesía era la forma de comunicarse con el resto del mundo. Para los más jóvenes no resulta ya vital porque cuentan con Internet. Él siempre ha estado más dedicado a la poesía que otros cineastas. Generalmente le dedica las noches y ha publicado cuatro libros de poemas en persa, durante los últimos años.

Uno de sus filmes termina con la estremecedora imagen de un perro que es quemado y es una analogía a uno de sus poemas publicados.

"Uno de mis poemas dice: Muchos informes se trasmitieron sobre Hiroshima, pero ninguno se habló del momento en que se quemaron las alas de las mariposas. Quemar un perro se inspiró en eso. Fue muy doloroso, aunque lo que quemé fue una foto, quemé 50 copias de esa foto hasta que conseguí el efecto que quería para que se le preste más atención a la naturaleza."

Leyendo uno de sus libros, que contiene alrededor de 350 poemas, descubrí que todos pueden convertirse en películas, y que el cine de Kiarostami es coherente su poesía. Él es el verdadero rey de ese mundo que ha creado, un mundo que puede disfrutar y le permite incluso regresar a su infancia.

"Si ejerzo la voluntad,

Los viejos zapatos de mi infancia

Se juntan ante mis pies"

Abbas Kiarostami vive consagrado a la creación artística; para él crear no es un esfuerzo, embellecer el mundo es simplemente su manera de existir.

El tercer Ojo de los Cineastas

Los estudiantes de Cine siempre hacen la misma pregunta: ¿qué debe tenerse primero: el guión, las locaciones o los personajes? Kiarostami les responde que el orden no es lo esencial. Lo importante es tener claros los tres elementos a la hora de emprender el trabajo, y luego dedicar su mente sólo a lo que estamos creando.

"Abrir el tercer ojo, es nuestro estado mental: la bombilla que siempre debe estar encendida en nuestra cabeza, para poder encontrar lo que otras personas no pueden ver con sus dos ojos. Nuestra mente siempre tiene que estar dispuesta para lograr ese fin. Si queremos hacer cine, y leemos un periódico, no podemos buscar en él lo mismo que busca un hombre de negocios. Dicen que Hemingway una vez fue a una galería, vio una pintura de un paisaje de campo con una casa y humo saliendo de la chimenea. Llamó al pintor y le preguntó cuántas personas vivían en esa casa, si su cosecha ha sido buena este año, cuántas niñas y cuántos niños viven ahí, y así otras preguntas por el estilo. Naturalmente el pintor estaba desconcertado; Hemingway estaba mirando al interior de la casa. Nosotros también tenemos que ver más allá de los que no hacen cine, para poder mostrarles a los demás la parte del mundo inaccesible para ellos. Así que cuando salgan de este lugar esta noche para vivir sus vidas mantengan el tercer ojo abierto para encontrar las historias que están buscando. Tenemos diez días para hacer una película. Si yo fuera ustedes me lo repetiría constantemente "Obreros Trabajando" con el bombillo encendido en sus cabezas."

Al día siguiente fuimos a ver locaciones. Kiarostami le recomendaba a todo el mundo tomarlo con calma, concentrarse en su historia, sin pretensiones. Hizo hincapié en que limitaran sus preguntas sólo al tema "Obreros Trabajando."

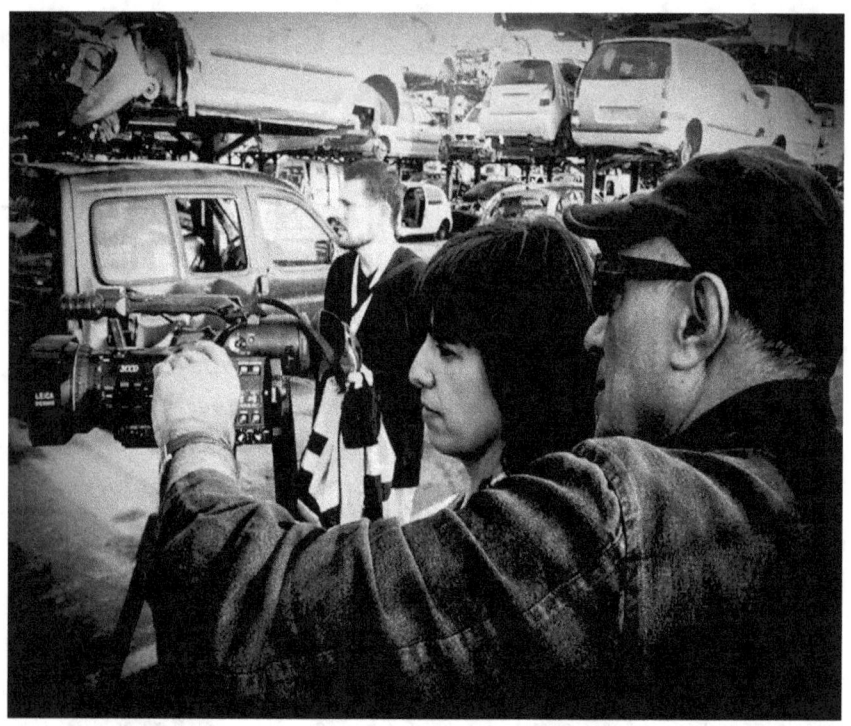

Kiarostami trabaja con un estudiante.

Hacer Cine es como un Juego Infantil

Kiarostami, como hemos visto, vive creando constantemente de las más diversas maneras, pero toda su obra es muy coherente. Un día le preguntó el nombre a uno de sus alumnos. El muchacho contestó que se llamaba David. Kiarostami confesó que durante cuarenta años se había dedicado a armar historias a partir de la reasignación de nombres, oficios, hogares, trabajos, nacionalidades, en fin, reorganizando la realidad existente como en un juego, para poder expresar sus puntos de vista.

Nuestro trabajo es jugar como los niños. Podemos, por ejemplo, a partir de David, recrear otro David. Hay una historia acerca de Kierkegaard en su niñez, cuando le mandaron a hacer una composición '¿Qué quieres ser cuando seas grande?' Le sugirieron salir a observar diferentes puestos de trabajo para que escogiera su preferido. Kierkegaard, que tenía 10 años, salió y vio a un motorista, un vendedor, un montón de puestos de trabajo, pero no le gustó ninguno. Más bien se le ocurrieron algunos cambios de los que observó. Por ejemplo, el motorista tenía tipo de maestro. Así que en vez de escoger su futuro oficio, lo que se le ocurrió fue cambiar a los personajes reales de rol. Nosotros podemos convertir a David en otra persona y viceversa. Reorganizamos la realidad como vehículo expresivo de nuestros códigos estéticos. Eso es hacer arte"

Expresarnos a través de la Imagen

En la tercera jornada los estudiantes deben explicar sus historias en breve uno por uno. Clara, la estudiante de filosofía, es la primera.

Clara: "Básicamente quiero abordar la uniformidad en las obras."

Kiarostami: "Por favor, concreta lo que vamos a ver toma por toma. Debemos expresar nuestros objetivos a través de imágenes. Explica la película que vas a hacer y deja las conclusiones a los espectadores."

Clara: "Mi película comienza con la imagen de las máquinas y los limones."

Kiarostami: "¿Qué máquinas?, ¿Qué limones?, ¿Dónde, en la fábrica? Tenemos una fábrica en que los limones son envasados de principio a fin. ¿Qué parte vas a usar?"

Clara: "Todavía no me queda claro por dónde empezar."

Kiarostami: "Entonces, cuando lo tengas armado en tu mente, nos dices."

"El cine depende totalmente de la manera en que organizas tu historia para contarla. Es esencial saber por dónde empezar, qué decir y qué no decir y cómo acabar la narración".

Confíe Sólo en lo que Ve

El sugiere el uso de cosas simples, asequibles. En lo personal concuerdo con él y acepto esta sugerencia porque yo he visto a muchos de mis amigos trabajar muy duro sin motivo, porque se mantienen aferrados a cosas que son difíciles de encontrar. El error será claramente definido en la explicación que nos da el próximo estudiante.

Estudiante: "La película comienza con un plano cerrado a las manos que plantan algunas semillas. Luego, lentamente, la vemos crecer y dar fruto. Vemos las fases de la evolución del limonero."

Kiarostami: "No entiendo. ¿Qué quiere decir con las fases de la evolución?"

Estudiante: "Vemos el árbol crecer poco a poco."

Kiarostami: "¿Estás haciendo una animación?"

Estudiante: "No, voy a tomar fotos del árbol en diferentes momentos de su crecimiento."

Kiarostami: "Es decir, tomando fotografías de árboles de diferentes tamaños sugerirás que se trata de un mismo árbol. O sea, ¿contarás la historia del primer árbol?"

Estudiante: "Sí."

Kiarostami: "¿Está segura de poder encontrar en un día árboles de todos los tamaños? Usted es responsable de su película. ¿Está segura de que al llegar a la locación encontrará todo lo que necesita fotografiar? ¿Sabe qué ocurrirá si le falta una sola foto de esa evolución? Bien, continúe, por favor."

Estudiante: "Vemos el árbol que crece lentamente y da frutos de limón y seguimos viendo las manos detrás de todo esto, es decir, el cuidado humano ayudando a la naturaleza."

Kiarostami: "Es muy, pero muy difícil a la parte del árbol que da flores y frutos, lo cual requiere de cambios de estaciones y usted cuenta con una semana para realizar su película. ¿Cómo piensa lograrlo?"

Estudiante: "Probablemente en la fábrica tienen fotos de árboles florecidos."

Kiarostami: "¿Está seguro, habló con los de la fábrica, vió las fotos? Si no ha revisado eso, no está listo para comenzar. Tenemos una semana. No podemos hablar de cosas posibles, sino de cosas seguras."

Estudiante: "La mayor parte de mi trabajo estará mostrando las manos de las personas."

Kiarostami: "¿Pero dónde? Aquí tiene un montón de manos disponibles. Usted nos dice dónde poner nuestras manos y lo haremos. Contamos con los limones y nuestras manos. Pero no hay flores. Cuando vamos a ver un lugar para un proyecto tenemos que contar con las condiciones disponibles, y no suponer condiciones. Usted no tiene las posibilidades concretas. Esta no es una clase de escritura. Tal vez debería pensar más en lo que ha visto allí. Su proyecto no está listo."

Estudiante: "Quedaron en mostrarme otro lugar…"

Kiarostami (lo interrumpe): "Quedaron en mostrarle. Usted no lo ha visto. No puede contar con lo que no ha verificado con sus propios ojos, porque los de la fábrica no son los responsables de su película y tiene una semana. Siento hablarle de esta manera, pero es por su propio bien. Sólo puede confiar en lo que ve."

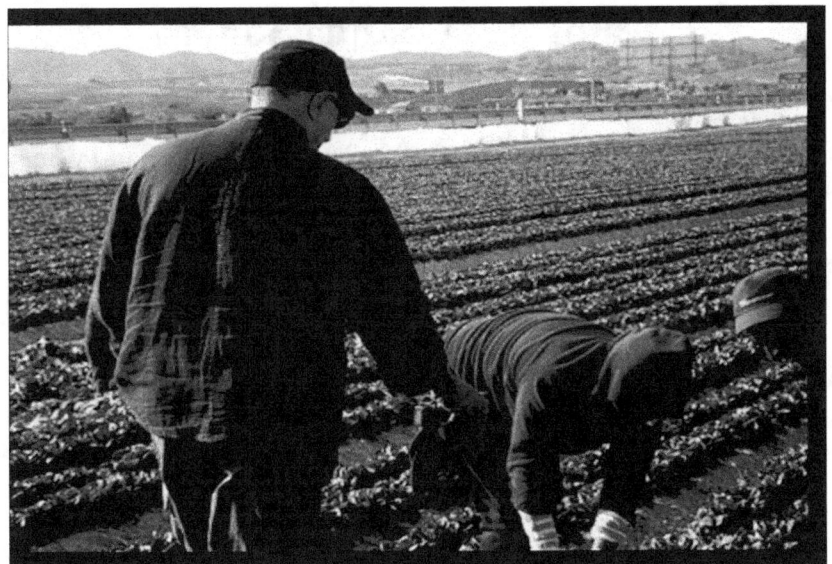
Kiarostami grabando en el campo cerca de Murcia, España.

El Valor de la Banda Sonora

La mayoría de los estudiantes del taller exponen sus proyectos sin mencionar la banda sonora. Con un sonido más alto o más bajo, con la adición o eliminación de un efecto sonoro puede transformarse el concepto de una película. Veamos el siguiente ejemplo: Este estudiante ha concebido su historia en una fábrica de lámparas en Murcia.

Estudiante: "Mi primera secuencia es de los trabajadores llegando al trabajo a las ocho de la mañana."

Kiarostami: "¿Has visto a la fábrica?"

Estudiante: "Trabajé allí. Prosigo, los trabajadores entran en la fábrica y hay un corte a puñetazos en sus tarjetas. Luego vienen sonidos mecánicos sobre un cuadro negro, y a continuación imágenes de la línea de montaje en que los trabajadores están ocupados. En la siguiente toma vemos un trabajador montando las bombillas, y luego un zoom a su rostro y escuchamos sus pensamientos. No puedo decirles todo ahora."

Kiarostami: "Dinos."

Estudiante: "Por ejemplo, se dice a sí mismo, 'Se me olvidó sacar la basura anoche, siempre lo hago.'"

Kiarostami: "Anjá, y así sucesivamente con otras personas. verdad?"

Estudiante: "Sí. En la siguiente toma vemos otro trabajador de montaje, vemos el rostro en primer plano y escuchamos sus pensamientos."

Kiarostami: "Entiendo, demuestras que todos los trabajadores están en otro sitio. Sus manos están aquí trabajando, pero sus pensamientos están en otra parte. Adelante."

Estudiante: "Vamos al taller de pintura. Tomo un plano general y luego detallo a un trabajador. Cierro el plano a su rostro."

Kiarostami: "¿Vas a utilizar el mismo tipo de plano para todos los rostros?"

Estudiante: "El mismo."

Kiarostami: "Luego vamos al departamento de empaque y, ¿los trabajadores también están pensando en otras cosas mientras embalan las mercancías?"

Estudiante: "Sí... pero todavía no he sido capaz de conectar estos pensamientos."

Kiarostami: "¿Es necesario?"

Estudiante: "Yo quiero probar."

Kiarostami: "Bien, trate."

Estudiante: "Terminaré con una foto del techo de la fábrica y el sonido de las máquinas, a continuación se escuchan todos los pensamientos a un tiempo y esas voces dejan en un segundo plano al sonido de las máquinas, hasta que lo omiten."

Kiarostami: "Magnífica idea, así que al final la voz del pensamiento se hará cargo del sonido de las máquinas. Muy bueno. Vaya a hacerlo. Y musita unos versos del poeta Hafiz, 'Yo estoy en medio de muchos, mi corazón en algún otro sitio.' Usar lámparas es un acierto, ya que las lámparas y bombillos son íconos de ideas encendidas, le agradezco el proyecto en nombre de los trabajadores de la fábrica y también en nombre del ministerio de trabajo." (Se ríen.)

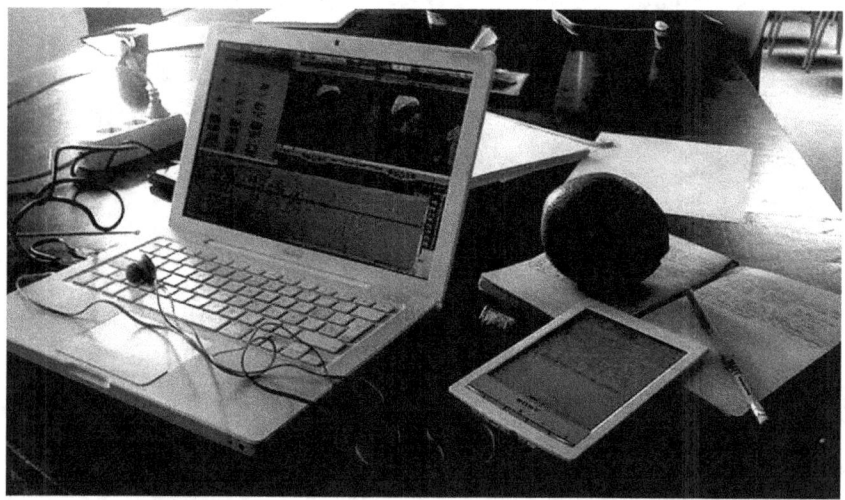

Montando en el aula.

Nuestro deber en el Cine es Eliminar todos lo Innecesario

Kiarostami siempre insiste a sus alumnos en que el arte es una síntesis de la realidad. Por ello todo es significante. No pueden incluir en sus películas ningún elemento baldío. El próximo ejemplo de una estudiante brasileña ilustra esta idea.

Janaina: "El título de la película es "Entre Naranjos." Comienza con tres personas recogiendo naranjas."

Kiarostami: "¿Quiénes son esas personas?"

Janaina: "Tres trabajadores agrícolas."

Kiarostami: "¿Tres hombres?"

Janaina: "Sí."

Kiarostami: "Al exponer sus proyectos es importante que definan esos detalles para que podamos ir visualizando en nuestra mente."

Janaina: "OK, tres hombres están recogiendo naranjas, hay una máquina al lado de ellos trabajando continuamente."

Kiarostami: "¿Qué tipo de máquina?"

Janaina: "Puede ser un tractor que despeje el camino entre los árboles."

Kiarostami: "Un tractor."

Janaina: "Sí, el sonido del tractor es muy fuerte y de repente se calla. El conductor, que es el administrador de la granja, se baja del tractor y verifica su desperfecto técnico. Hace una llamada por su celular, mientras los tres hombres siguen recogiendo naranjas. Termina la llamada y le dice a los hombres que se va a llevará la máquina a revisar. Cuando se marcha, todos abandonan el trabajo."

Kiarostami: "Tengo una pregunta, si es la temporada de cosecha de las naranjas, ¿Qué hace ese tractor allí?"

Janaina: "Quitar pedazos de madera y basura de entre los árboles."

Kiarostami: "Pero cuando la gente está recogiendo frutos ese tractor debe molestar. Es poco probable que eso ocurra en la realidad. Me temo que fuiste tú quien metió el tractor a limpiar entre los árboles en plena cosecha."

Janaina: "Bueno, tal vez puede ser el camión que se lleva las naranjas recogidas."

Kiarostami: "Usted dice tal vez, es decir, que tal vez no. No tenemos tiempo para *tal vez*."

Janaina: "Bueno, yo necesito un carro allí."

Kiarostami: "¿Por qué?"

Janaina: "Mi propósito es que los trabajadores dejan de trabajar cuando el propietario se marcha."

Kiarostami: "Bueno. ¿Y tiene que aparecer un vehículo para que el hombre se ausente y los trabajadores dejen de trabajar? ¿No puede llamarlo la esposa y decirle, por ejemplo, que tiene que ir a buscar a su hijo a la escuela? Y así el hombre se marcha igual, pero es más factible de producir. Nuestro deber en este tipo de cine es eliminar todos los elementos excesivos. Tenemos que eliminar todo lo que no es imprescindible para nuestra película."

Janaina: "Bien, el dueño se marcha y los tres se sientan. Uno mira al cielo y otro le pregunta a su compañero si tiene hijos. Él contesta que cuatro, saca una foto y la muestra, haciendo la misma pregunta a su interlocutor, quien responde que una niña añadiendo que su esposa murió. El tercero empieza a cantar canciones infantiles para él, luego dice que tiene un niño y toma una naranja, la divide y le da la mitad al viudo."

Kiarostami: "¿Por qué no enmarca esa conversación durante el almuerzo o después del almuerzo?"

Janaina: "Porque todos ellos están en estrés y no tienen tiempo para esto... esta es la única vez que se puede encontrar un poco de paz para comunicarse."

Kiarostami: "OK, pero no me gustan sus trabajadores... (Risas)... porque son malos en el cumplimiento de su deber. A no ser que su objetivo sea político en contra del capitalismo."

Janaina: "La idea es que cuando la máquina deja de funcionar, los trabajadores tampoco pueden hacerlo."

Kiarostami: "¿Y qué tipo de filosofía es esa? No expresa claramente su objetivo."

Janaina: "Cuando no hay jefe y no hay máquina no hay razón para trabajar."

Kiarostami: "¡Oh, esto es maoísmo de hace 50 años! Queremos hacer una película sencilla y pequeña. Sus protagonistas son indignos de ser amados, y eso es errado si quiere defender los derechos laborales. Un trabajador que hace su trabajo es hermoso, porque representa valores éticos. Piense un poco más en su historia. Puede hacer lo que quiera, yo sólo le doy mi opinión."

Janaina: "¿Podemos contar con la colaboración de los demás o lo haremos solos?"

Kiarostami: "Las ideas son individuales y la responsabilidad también. Pero puedes pedir colaboración a otro miembro del taller si está en disposición de brindártela."

El Primero y el más Importante Espectador de la Película eres Tú Mismo

Inevitablemente, todo cineasta piensa en atraer a los espectadores. Pero existen muchos sectores de posibles espectadores. Por ejemplo, Kiarostami jamás ha incursionado en la telenovela, porque sabe que ese no es su público.

"El primero y más importante espectador de tu película eres tú mismo Si logras sentirte satisfecho con el resultado, te garantizo que otros en el mundo también lo estarán. Tal vez ellos no figuren entre tus vecinos o amigos, pero estarán en algún lugar del planeta. Una de nuestras tareas en estas clases es aprender a reducir los costos. Entonces no tenemos que preocuparnos tanto porque nuestras películas sean taquilleras. Es importante saber dónde estamos parados. El problema con todos los cineastas independientes es que no tienen una definición exacta de lo que implica ser independientes. Dicen que son independientes, pero se molestan cuando su película no se muestra en 30 salas de cine, y se ponen celosos de los que logran mayor exhibición. Si yo soy un cineasta independiente debo aceptar el hecho de ser visto apenas en una pequeña sala."

Trate de Hablar en Síntesis

Se puede reconocer a un cineasta cuyos pensamientos son coherentes y sabe exactamente lo que quiere hacer desde el principio. Y esto tiene que ver directamente con la síntesis con que se expresa. Debe tener una imagen para cada palabra u oración corta. Ejemplifiquemos con la siguiente historia:

Estudiante: "Quiero hacer mi película en cuatro secciones cortas."

Kiarostami: "¿Cuatro cortometrajes?"

Estudiante: "Empiezo en la entrada de la fábrica de cerveza y luego me voy a la sección donde las máquinas están trabajando. Dos trabajadores están hablando. Uno invita al otro a salir esa tarde. Pero el otro rechaza la invitación pues tiene una cita con una chica que le gusta."

Kiarostami: "¿En una fábrica de cerveza?"

Estudiante: "Sí. En la siguiente secuencia vamos a la envasadora de limón y dos mujeres tienen una conversación análoga, y una de ellas afirma tener una cita esa noche. La tercera secuencia es en un bar donde la pareja se encuentra. Resulta que se han conocido por Internet."

Kiarostami: "¿Dónde? Fuera de estos dos lugares? ¿El mismo hombre y la mujer?"

Estudiante: "Sí, en un bar."

Kiarostami: "Háblame de esa secuencia. ¿Cómo entran en el bar? ¿Qué reacción tienen al conocerse personalmente? ¿Cuánto duran los cortes en que se ven por primera vez?"

Estudiante: "Diez segundos."

Kiarostami: "Será mejor que me digas cómo... Quiero ver tus diez segundos."

Estudiante: "Tengo un plano general del exterior del bar, él llega primero y luego a la chica."

Kiarostami: "Por favor dime una vez más, o mejor, haz un guión gráfico de esos diez segundos."

El estudiante empieza a dibujar las imágenes.

Kiarostami (Observa los dibujos) "OK, bueno."

Estudiante: "Vamos a la fábrica de cerveza en la siguiente toma, sólo las máquinas están trabajando, pero escuchamos las voces de los amigos. El de la cita le cuenta al otro, le habla a su amigo."

Kiarostami: "¿Qué está diciendo?"

Estudiante: "Que no le gusta la chica."

Kiarostami: "OK, bueno."

Estudiante: "Vuelvo a la fábrica de limón. Las máquinas están trabajando, el sonido de las mismas pasa a un segundo plano y sobre el mismo la protagonista cuenta a su amiga que el hombre no le gustó como esperaba. Cada uno de ellos ejemplificará con historias del mismo suceso ocurrido en la cita, pero desde puntos de vista opuestos que fundamentan el rechazo mutuo."

Kiarostami: "Gracias. Está listo. Puede comenzar ahora mismo a preparar su trabajo."

"No pueden imaginar lo mucho que ayuda a sus películas evitar palabras adicionales. Si usted no puede explicar su historia sintéticamente dudo que pueda hacerla. Por medio del lenguaje, transferimos lo que está en nuestra mente, mostramos nuestros errores, nuestras debilidades y lo que no tenemos claro. En mi opinión si explica su historia correctamente, entonces usted sabe exactamente dónde poner la cámara, y trabaja con más control. La parte de la definición es la parte más importante de la producción, incluso más importante que el propio guión. Una frase adicional se convierte en un plano extra y ya dijimos que no podemos incluir nada ocioso. Así la oración se convierte en imagen. Trate de hablar editado. No diga cosas innecesarias."

El Mundo es el Trabajo y el Trabajador es Dios

Esta vez quien cuenta su historia es Nayra, la estudiante española.

Nayra: "Mi historia es sobre el último día de un limón en un árbol."

Kiarostami: "Gracias por hablar en síntesis."

Nayra: "Tiene tres partes y comienza con la imagen de un limonar."

Kiarostami: "Les recuerdo a todos una vez más que deben sintetizar la descripción oral de sus proyectos, en otras palabras contar las sinopsis. Vamos a escuchar la historia de un bello limonar."

Nayra: "Poco a poco nos acercamos al protagonista: un limón."

Kiarostami: "¿Al limonar le queda sólo este limón o quedan más?"

Nayra: "No, hay otros limones. A través de la imagen del sol cercano al ocaso, mostramos que es casi el final del día. Escuchamos el sonido de la naturaleza y también las voces de los trabajadores que están culminando su jornada. La siguiente fotografía se toma desde la parte superior del árbol y se dejan de escuchar las voces de la gente. Entonces un trabajador viene y recoge el último limón del suelo después de lo cual nos quedamos con el limón en primer plano."

Kiarostami: "¿Qué tiempo dura el primer plano del limón?"

Nayra: "Unos segundos durante los cuales cerramos la cámara a un gran primer plano del limón mientras empieza la noche."

Kiarostami: "Cuando usted dice un gran primer plano, ¿quiere decir que vemos a los trabajadores en un segundo plano? Nayra: Nosotros no los vemos, sabemos que se retiran pues hemos ido alejando sus voces hasta perderlas."

Kiarostami: "Ok, vemos un limón. ¿Me puede decir aproximadamente cuánto tiempo será esta toma?"

Nayra: "Cerca de ocho minutos. Pero otra cosa sucede allí."

Kiarostami: "¿Se graba al limón durante ocho minutos?"

Nayra: "No, no, los ocho minutos son de una subjetiva del limón."

Kiarostami: "La cámara está mirando desde el punto de vista de limón."

Nayra: "Exactamente."

Kiarostami: "Bueno, adelante."

Nayra: "Se pone la noche. Vemos las estrellas porque la naturaleza nocturna tiene más presencia. Todos los elementos que hablo son controlados, hasta el amanecer. Mirando desde el ojo de limón, el rocío. Entonces vemos cáscaras de otros limones y oímos un sonido lejano. Un pequeño perro entra en el cuadro, está buscando algo y luego muerde un limón."

Kiarostami: "¿Un limón que ya cayó del árbol?"

Nayra: "Sí, entonces el dueño del perro viene, es a su vez el dueño del campo. Acaricia al perro. El perro tiene un nombre humano. Él llama al perro, juguetea un poco con él, y luego toma un limón para sí y se van. Nuestro limón protagónico está todavía allí. A continuación, vamos a tener imágenes controladas de insectos. Se escucha a lo lejos el sonido de los trabajadores que se va acercando. Cortamos a un par de ellos que se sienta bajo la sombra del limonero a conversar. Escuchamos además el sonido de la naturaleza."

Kiarostami: "Sugiero una botella de té."

Nayra: "Suena un celular. Uno de ellos habla, termina. El otro le muestra una canción en su celular. A continuación, un silbido se escucha indicándoles que terminó la jornada. Ambos se levantan, hablan un poco y uno se lleva el sombrero del otro bromeando. Al otro no le gusta eso. Va a un árbol. Recoge su cortadora. Corta dos limones, uno de ellos es nuestro limón. Finalmente, escuchamos voces humanas. Termina la película con el sonido de todos los trabajadores juntos apilando las cajas."

Kiarostami: "Creo que tiene un buen ambiente. Pero tengo una o dos divergencias con tu historia. Los trabajadores descansando me molestan como en la historia anterior. Tenemos un refrán que dice: "Las nubes, el viento, la luna y el sol trabajan todo lo que pueden…." Nos mostraste el alba y la belleza de esa mañana, pero la gente vino a holgazanear. En mi opinión somos dependientes de la naturaleza y los frutos que podemos obtener de ella peligran si no trabajamos. Para mí fue desagradable que se sentaran a descansar. Las imágenes más desagradables de los obreros en mi vida son las que he escuchado aquí en este par de historias. Hay un poema que dice: "El mundo es trabajo y el trabajador es Dios". Tiene un arduo trabajo por delante y me hará muy feliz si logra al menos la mitad de lo que nos ha contado. ¿Ya tiene la locación?"

Nayra: "Sí, vi un lugar que me pareció bueno."

Kiarostami: "¿Tiene el perro también?"

Nayra: "Sí. Kiarostami: ¿Qué hay de los insectos?"

Nayra: "No tengo." (Se ríen.)

Kiarostami: "Pues a trabajar."

Una Película siempre comienza sin Introducción

Estudiante: "¿Debemos hacer una introducción o comenzar con la imagen?"

Kiarostami: "Comience siempre con un cuadro. No sabe qué favor se hace a sí mismo y al cine al comenzar sin introducción. Cuando no hay ningún tipo de introducción, usted está obligado a ofrecer con imágenes una idea más completa y sintetizada de su historia. El buen cine siempre comienza sin preámbulos, comienza de repente. No tiene ninguna presentación. OK por favor, exponga su proyecto."

Estudiante: "La primera imagen es el muslo blanco de una vaca y una mano negra va sobre él."

Kiarostami: "Va bien, muchas gracias, porque ahora todos visualizamos la imagen."

Estudiante: "La mano se mueve con afecto sobre la piel de vaca. A continuación, la imagen se abre lentamente y vemos a un trabajador negro. Él está llevando las vacas a sus lugares para ordeñarlas. Después nos trasladamos a los trabajadores y sus pies están calzados con botas color verde oscuro. Escuchamos el motor de un tractor. El tractor tiene un remolque y está entrando en el lugar. Comienza el ordeño. Un cubo vacío de leche está un poco sucio y es lavado por manos negras. Luego escuchamos el sonido del tractor alejarse. Cuando se ha ido, vemos sus huellas de color blanco en el suelo. Luego vemos el camino con las mismas pistas blancas. El trabajador sigue poniendo la leche en el almacenamiento. Entonces entramos en el matadero y vemos una gran vaca que es picada. En la entrada del matadero también hay huellas blancas. Vemos al hombre alimentar a las vacas. Luego se cambia la ropa. Se quita las botas verde oscuro y se pone unos zapatos negros. Luego vemos al mismo hombre negro comprando carne en una carnicería y sale de la tienda dejando huellas blancas en el suelo."

Kiarostami: "¿De las botas o los zapatos?"

Estudiante: "De sus zapatos."

Kiarostami: "La primera parte de las manos negras acariciando a la vaca blanca es muy buena. Piense que tal vez en lugar de ir a comprar carne de vaca al final, el hombre puede poner una botella de leche en la boca de un niño y terminar la historia con el bebé mirando a cámara. Si añade al cuadro una mano negra sosteniendo la botella en la boca del bebé será agradable. El espectador se sentirá más satisfecho.. Creo que puede empezar a trabajar."

Tener Confianza en Sí Mismo

Kiarostami cree que nuestra fuerza viene de nuestras debilidades. Tenemos que conocer nuestras debilidades y superarlas constantemente. También debemos enriquecer nuestro lado fuerte para perfeccionarnos y crecer no sólo como cineastas, sino como seres humanos. Es decir, esto es aplicable no sólo a nuestra profesión sino en toda nuestra vida cotidiana. En la próxima historia veremos cómo Kiarostami admira la confianza en sí mismo de los estudiantes.

Estudiante: "Quiero trabajar en un almacén de zapatos. Mi imagen comienza con las puertas cerradas de un almacén y la cámara está esperando a que alguien venga y abra la puerta. Esperamos, viene un coche, el propietario se baja y abre la pequeña puerta del establecimiento. Luego viene un camión y un trabajador se baja. Luego viene otro trabajador. Después de esta secuencia, la cámara va a estantes de zapatos. Alguien se pone en frente de la cámara: es un trabajador que recoge una caja de zapatos. La cámara graba la imagen borrosa hasta que el trabajador bloquea el cuadro."

Kiarostami: "No entiendo."

Estudiante: "No era una parte de la locación, pero me decidí a grabarla de todos modos." (Todos se echan a reír.)

Kiarostami: "Nos alegramos de que no esté grabando demasiado, (risas), siga."

Estudiante: "Al mismo tiempo los trabajadores están hablando y diciendo que recientemente la policía ha conseguido multar por cualquier pequeño incidente. La cámara en este momento muestra otra secuencia en la que un trabajador está llenando una caja grande con las pequeñas cajas de zapatos para enviar. Otro trabajador está buscando un par de zapatos que pidió en una tienda, pero no los encuentra y discute con los demás. Finalmente se acerca a la cámara .Parte de su imagen está cubierta por una caja de zapatos que el trabajador recoge."

Kiarostami: "Y los espectadores también." (Risas.)

Estudiante: "Correcto."

Kiarostami: "¿Se acaba ahí?"

Estudiante: "Sí."

Kiarostami: "Ha contado la historia con tanta confianza que creo que hay que hacerla como dice. Así que apruebo su proyecto."

Estudiante: "He hecho una parte ya. Quiero terminarlo."

Kiarostami: "No he hecho ningún juicio sobre su trabajo porque estoy realmente impresionado por su confianza. Así que me interesa mucho ver su película. ¡A terminarla, pues!"

Mantuve gran curiosidad por ver la reacción de Kiarostami cuando viera esa película terminada. Tan pronto terminó el montaje se la mostré y le encantó. Kiarostami es de la opinión de que la mayoría de los críticos rechazan completamente lo novedoso porque no lo entienden muchas veces si no tienen referencias anteriores para establecer paralelos. Las referencias anteriores sirven como sello de garantía, y por eso desdeñan lo novedoso. Muchos innovadores han tropezado duro con la crítica que a veces no se basa en la valoración sincera y desprejuiciada, sino en cánones preconcebidos. En fin, existen muchos críticos cortos de luces para apreciar el valor de lo original. Kiarostami tiende a aprobar proyectos que son propuestos con seguridad, porque ello es un indicio de que sus autores saben lo que quieren.

Otro alumno va a exponer su propuesta y Kiarostami le advierte que evite cosas extras.

Estudiante: "Los trabajadores de la fábrica de limón entran en la fábrica por la misma puerta que vemos las máquinas de trabajo."

Kiarostami: "Temprano en la mañana, ¿verdad?"

Estudiante: "Sí."

Kiarostami: "Hasta ahora todo va bien, Llegan…se cambian de ropa… Buen comienzo … Espero que no se sienten a tomar un descanso." (Todos ríen.)

Estudiante: "Van a sus puestos y comienzan a trabajar."

Kiarostami: "Hasta ahora es muy bueno, bien sintético. Prosiga."

Estudiante: "Entonces vemos a un chico y una chica en la sección de inicio donde vienen los limones, los ponen en la máquina y los limones siguen yendo a diferentes secciones y al final hay un muchacho que los recoge y embala. El chico y la chica que vimos al principio no hablan entre sí, pero al final veremos que la chica se va con el muchacho del embalaje."

Kiarostami: "Muy bueno."

Estudiante: "En la parte en la que se separan los limones, hay un grupo de trabajo en una máquina que se asemeja corazón humano."

El estudiante lleva su cámara a Kiarostami para mostrarle su toma.

Kiarostami aprueba: "Es bueno. Es efectivamente como un corazón humano. ¿Vas a poner eso en medio de los dos personajes?"

Estudiante: "Sí, esta máquina es como el corazón que mantiene la relación entre los dos."

Kiarostami: "Muy bien."

Estudiante: "Todavía no he terminado."

Kiarostami: "Y usted va a poner el sonido de latidos del corazón seguramente."

Estudiante: "Hay un montón de sonidos allí, no pueden hablar entre sí."

Kiarostami: "Puede bajar lentamente el sonido de la fábrica y elevar el sonido del corazón."

Estudiante: "Eso es una gran idea."

Todo el mundo se ríe, porque parece que el estudiante ha tomado el lugar de Kiarostami.

Kiarostami se dirige a los estudiantes muy en serio: "Yo también necesito de la aprobación, eso es bueno."

Estudiante: "Todavía no ha terminado."

Kiarostami: "Es bueno hasta aquí, no se lo diga a los demás y ya veremos la película."

El estudiante se ve feliz y se sienta.

Kiarostami: "Su idea es buena y también su rendimiento. Uno puede confiar en usted por su voz, que demuestra que conoce lo que quiere conseguir... si quiere puede ir a trabajar."

Estudiante: "Me gustaría quedarme y escuchar."

Kiarostami: "No hay problema, por favor, quédese."

Clara, la estudiante de filosofía, se dispone a contar su historia una vez más.

Clara: "Estoy tratando de arreglar mi proyecto."

Kiarostami: "Gracias."

Clara: "Quiero explicar plano a plano. Plano 1, del exterior de la fábrica. Está oscuro y poco a poco sale el sol."

Kiarostami: "¿Qué fábrica?"

Clara recuerda que no ha mencionado de qué fábrica se trata.

Clara: "La empacadora de limón."

Ella continúa explicando cada plano, llamándolos uno a uno en su orden.

"Plano 2: Hay una máquina en la que los trabajadores ponen los limones al comienzo."

"Plano 3: Vemos las correas y cadenas en movimiento, pero los limones no están en la cinta aún."

"Plano 4: vemos el movimiento de la máquina al subir y bajar."

"Plano 5: entonces vemos el movimiento de lado a lado, pero aún no hay limones en ellos."

"Plano 6: con un primer plano vemos los limones que entran en la máquina."

"Plano 7: sólo vemos las manos del trabajador poniendo los limones en la cinta."

"Plano 8: desde arriba vemos los limones en movimiento sobre la cinta."

"Plano 9: vemos las caras de los trabajadores sonrientes."

Kiarostami: "¿Por qué están sonriendo ese día?"

Clara: "Cuando les pregunté dijeron: este es nuestro trabajo y estamos felices de hacerlo."

Kiarostami: "Me preocupa que se vieran obligados a sonreír... deberían estar en su ambiente natural, siga."

Clara: "Vemos a los limones que van y se mueve en líneas. Los vemos caer. Los primeros trabajadores eran mujeres y estas manos pertenecen a hombres. Luego encuadramos desde arriba el movimiento de la fábrica. Estas son todas las fotos que propongo para lograr ritmo en el montaje. Después emplazaré la cámara por el lado y terminamos en la zona de embalaje y al final cortamos el sonido. Salimos y vemos que está oscuro."

Kiarostami: "Teniendo en cuenta que alguien más ha seguido el mismo camino con un tema amoroso, tenemos aquí el vivo ejemplo de lo que referíamos al inicio del taller: cada cual se apropia de la realidad y la expresa según sus puntos de vista, sus intereses personales. Parece que tenemos dos películas con un tema y todavía no sabemos cuál va a ser mejor."

Clara: "Yo no quiero trabajar en la fábrica solamente, quiero hacer esta película con una banda sonora especial."

Kiarostami: "Su proyecto es bueno, pero tiene que recrear el final para que no se le convierta en un documental. Debe buscar un buen final. Teniendo en cuenta estas dos películas, debo advertirles que si hay otro proyecto de la empacadora de limones debe ser bien diferente. Recrear el acontecer. Idear uno o más trabajadores interesantes, ser originales."

Dirigir Actores implica, de cierto modo, Actuar

El siguiente alumno ya expuso un proyecto rechazado por Kiarostami.

Estudiante: "He cambiado mi idea y ahora quiero hacer algo con la ganadería: Es temprano en la mañana y un trabajador grande, fuerte y negro llega a una hacienda y se dirige a un hombre blanco que es más pequeño que él. El hombre negro se ofrece como empleado."

Kiarostami: "¿Dónde está el hombre blanco?"

Estudiante: "En el rancho."

Kiarostami: "¿Se conocen?"

Estudiante: "No. El blanco pregunta, '¿Qué puedo hacer por ti?' Él responde, 'Busco empleo.' En la siguiente toma vemos al chico nuevo vestido con ropa de trabajo mientras el otro le muestra las faenas de la finca. Pero es obvio que nuca ha hecho nada de eso. El hombre blanco le indica diferentes labores, mientras su teléfono celular no para de sonar. Él siempre asegura que va a ser corta la interrupción, pero habla con la madre, con la esposa, en fin, constantemente interrumpe para atender todas las llamadas. Intenta comunicarse con el chico negro, le pregunta si tiene hijos, trata de confraternizar, mientras el otro continúa concentrado en su labor, y responde con respuestas breves. Al finalizar la jornada, cuando se quitan la ropa de trabajo, el blanco le extiende la mano al negro para agradecerle su ayuda, mientras suena nuevamente el celular, pero esta vez no lo atiende, simplemente sonríe y lo apaga."

Kiarostami: "Yo creo que es bueno. Y me parece que usted mismo puede hacer el personaje del hombre blanco que no para de hablar por el celular." (Más tarde, efectivamente vemos al estudiante actuar su propia película.)

Estudiante: "Sí, me fascina ser actor y director a la vez." (Todos se echan a reír.)

Kiarostami: "Su trabajo es más fácil porque usted sabe lo que quiere, y eso, probablemente, al interactuar con el otro actor, le facilite incluso a él interpretar su rol."

Estudiante: "Tiene razón."

Kiarostami: "Dirigir actores, es también actuar, pues al indicar motivaciones y matices, estamos obligados, de cierto modo, a interpretar cada personaje .Creo que el ritmo debe ser un poco más rápido. Las llamadas pueden ser un poco más seguidas. Cuando comenzó a contar su historia visualicé al hombre negro haciendo sus labores muy apurado. Lo vi ir corriendo a ordeñar las vacas, porque como ustedes saben cuándo el ordeño se retrasa, las vacas gritan de dolor, por tanto es lógico que corra a aliviarlas. Pero debe cuidar que no se le convierta en una sátira de los corredores, porque la mayoría de estos deportistas son negros."

Kiarostami dice al estudiante puede empezar su trabajo y que es buena idea que interprete él mismo el personaje blanco.

Para Dirigir es esencial Seleccionar lo Válido y Eliminar lo Baldío

A estas alturas del taller, los estudiantes han comprendido e incorporado la necesidad de hablar editado, o sea, describir las imágenes concretas de sus proyectos, exclusivamente lo que van a mostrar al espectador. Saben que la selección de lo fundamental, la síntesis, es una cualidad esencial de toda obra audiovisual, ya que la dispersión en las estructuras narrativas, difumina los objetivos conceptuales y a la vez impide mantener la atención de los espectadores.

Es hora de que otro estudiante exponga su propuesta.

Estudiante: "Mi historia tiene que ver también con los celulares. Comienza en un plano cerrado de un rostro de mujer de alrededor de 30 años, que llama insistentemente por su celular y está enojada. Abrimos el plano y está en una florería. Alguien le pregunta 'Si tiene margaritas.' Ella dice que sí y le muestra al cliente las flores. Cuando comienza a hacerle el ramo de margaritas, el mismo cliente le pregunta si tiene girasoles, pero ella no responde, porque su mente está en otra parte. El cliente repite la pregunta. Ella dice, 'Disculpe, no tengo.' Él paga y se va. Ella toma el teléfono de nuevo. La siguiente toma es en un limonar. Se escucha el sonido de un celular. Hay varios trabajadores y no sabemos a quién llaman, hasta que cerramos el plano a un hombre que recoge limones, el sonido se hace más intenso, pero él, que está sudando, no deja de realizar su labor. El celular deja de sonar. Otro hombre se le acerca y le avisa que tienen 10 minutos de receso. Él coge su bolso y va a la sala de estar y saca un limón de la bolsa. El teléfono suena de nuevo. Él no tiene ninguna reacción. Exprime el limón en un recipiente, mientras el teléfono continúa sonando, añade azúcar y agua. Bebe su limonada y sólo entonces decide contestar la llamada. Corte al rostro de la vendedora de flores. Volvemos a la imagen del trabajador, pero sólo la parte de su cuerpo que sostiene el vaso. Hay silencio, deja el vaso."

Kiarostami: "¿Por qué ubica usted a la mujer vendiendo flores? Usted podría comenzar y terminar con el hombre concentrado sin atender a su teléfono. El personaje de la mujer me parece que no aporta nada. Usted podría estar todo el tiempo con el trabajador."

Estudiante: "Yo quiero mostrar la contrapartida. Ver a quién él está desatendiendo. Si es una mujer se sugiere que debe estar más enojada, porque subliminalmente comunicamos que puede ser su pareja."

Kiarostami: "Pero con escuchar la voz bastaría. No es necesario mostrarla. Todo eso está en su voz, en un tono, lógicamente enojado. ¿Por qué tiene que introducir los planos de la venta de flores? ¿En qué cambia eso la situación esencial? ¿Qué le aportan a la trama los bocadillos del cliente de la florería? Si quiere, puede hacerlo, pero nada ayuda a su trabajo. Es complicar la producción y la edición, duplicar las locaciones, aumentar los personajes. Puede contar la misma historia, el mismo contenido mucho más simplemente."

Estudiante: "Tiene razón."

Kiarostami: "¿Sabe lo que puede hacer? Ponga su energía en el hombre que suda, en el trabajador laborioso. De paso compensamos a todos los holgazanes que han sido creados en este taller. (Risas.) Cuando Mahmoud estaba filmando a los trabajadores ayer en el puerto pesquero, sus rostros tenían una gran belleza mientras tiraban las cuerdas para sujetar los barcos al muelle. Sus cuerpos parecían pinturas de Auguste Rodin. Eso es lo que hay que tomar, me refiero a que cada cuadro de 24 por segundo puede ser una buena imagen el rostro sudado. Descansar es acercarse a la muerte. Incluso desde el punto de vista estético, el trabajo es más hermoso que el reposo. Una vez más les recuerdo el poema que dice: "el mundo es el trabajo y el trabajador es Dios."

Estudiante: "Bueno, me ayuda mucho que sólo se escuche la voz de la mujer, no sólo por ahorro de recursos, tiempo y trabajo, sino porque si *ella* es desconocida, añade misterio a mi obra."

Kiarostami: "Cuando defina bien su locación, le sugiero colocar la cámara en un trípode y no mencionar qué trabajador es su protagonista. Haga un documental y luego conviértalo en una historia, y al final le dice a su elegido que se ponga el celular en el bolsillo, y lo lleva a hacer la escena de la limonada."

El Final de cada Película tiene que ser Contundente, porque en él demostramos nuestra Tesis

Cuando concebimos un proyecto, puede que existan cosas que no sepamos cómo lograr. Pero las circunstancias dadas y el final siempre los tenemos claros, pues son el vehículo expresivo del punto de vista u objetivo conceptual que queremos demostrar con nuestra historia. Por eso la última imagen debe ser más fuerte que el resto. Kiarostami siempre hace especial hincapié en ello. Podemos ejemplificar lo anterior con el momento del taller en que Juliana, la chica de México, expuso su propuesta.

Juliana: "Mi historia transcurre en el puerto. Vemos a unos pescadores trabajando de espaldas a la cámara, no podemos definir qué hacen. Están en un barco, relativamente cerca de la orilla. Mientras tanto, en el cielo se observan gaviotas volando. Luego, el barco sale de cámara y las gaviotas comienzan a bajar al agua a cazar."

Kiarostami: "Bueno, el proyecto es bueno. Y la imagen final es fuerte, contundente, como hemos explicado que tiene que ser. ¿Pero, ya usted pensó cómo va a lograr que las gaviotas cacen para su cámara? Recuerde que el final película tiene que dar algo más que el resto."

Juliana: "Tirando comida al mar, las gaviotas bajan a cazar enseguida."

Kiarostami: "Genial. Puede emprender su labor."

La Síntesis es Primordial

Kiarostami insiste en que la síntesis siempre ha sido condición inherente a toda obra artística, pues el arte es precisamente eso: la expresión sintética de un aspecto de la realidad. Asimismo está convencido de que el dinamismo de nuestra época agudiza la necesidad de síntesis, pues los sentimientos se pueden transferir por SMS y ello condiciona la mente de las personas del siglo XXI a concretar definiciones. Específicamente en los audiovisuales, la síntesis contribuye a garantizar la atención de los espectadores, asegurando su comprensión.

La siguiente persona que expone su proyecto es un chico de Brasil.

Estudiante: "Mi historia es muy simple."

Kiarostami: "Vean, esa frase sobra."

Estudiante: "Mi propuesta pretende, ante todo, tocar los sentidos."

Kiarostami: "Esa aclaración también sobra."

Estudiante: "Me interesa recrear la atmósfera del lugar."

Kiarostami: "Todavía no ha expresado nada concreto. Estamos esperando que exponga lo que nos va a mostrar."

Estudiante: "Es que quiero prepararlos para mis imágenes."

Kiarostami: "¿Y cómo va a preparar a los espectadores para mostrarles las imágenes? El cine puede y tiene que ser simple y concreto. Recuerden que una imagen habla más que cien palabras."

Estudiante: "Bueno, pues la protagonista de mi historia es una niña que trabaja en la parte de selección de la fábrica empacadora de limones. Esta niña disfruta su trabajo, disfruta el sentido de su tacto en la corteza de los limones."

Kiarostami: "Queremos que nos diga eso, pero con imágenes.

Estudiante: La niña llega a la fábrica."

Kiarostami: "Pero ella ya estaba allí.

Estudiante: El primer plano es de la niña arribando a la fábrica donde trabaja. Pasa a cambiarse de ropa, se lima las uñas y con ese sonido presentamos sus uñas."

Kiarostami: "¿Dónde... en la fábrica?"

Estudiante: "En el departamento de vestuario."

Kiarostami: "Me preocupa que el dueño de la fábrica la vea en eso." (Se ríen.)

Estudiante: "Entonces ella se dirige a su puesto laboral y comienza a seleccionar los limones, apartando los dañados. Mientras trabaja, su compañero de labor no para de hablar. Ella le responde sólo con movimientos afirmativos de su cabeza, pero se ve concentrada en el trabajo. Mostramos los limones de diferentes colores."

Kiarostami: "No entiendo lo que quiere decir con diferentes colores de limones. ¿Va a pintarlos?"

Estudiante: "Sí, voy a colorearlos. Cuando los limones de color llegan por la cinta, ella los recoge cuidadosamente, mientras el otro habla sin parar, por lo que recoge menos. Tenemos un plano a la salida de la fábrica. Ella se retira, al final de la jornada y contempla las cajas de limones empacados. Dentro de una de ellas hay un conejo en vez de limones, pero sólo ella lo ve. Finalmente nuestra protagonista se dirige a una granja cercana, toma una naranja, la pela y comienza a comérsela."

Kiarostami: "Bueno, vamos a ver qué sale de ahí."

Defina bien su Historia

Kiarostami vuelve a insistir en contar la historia a través de imágenes y no de palabras. Demostramos la definición de nuestra perspectiva cuando explicamos la historia a través de imágenes. Demostramos nuestra responsabilidad cuando se explica la historia a través de imágenes.

Ahora le proponen el siguiente proyecto:

Estudiante: "Comenzamos en medio de una carretera por la noche. Está completamente oscura y vemos una gasolinera abierta. De la misma salen sonidos: Música, el equipo de refrigeración, etc. Nos acercamos y tomamos imágenes de los alrededores. Por ejemplo, el reflejo de la luz en el suelo o algunas huellas en el piso dejadas por los clientes. Escuchamos un reloj dando las tres de la madrugada. Un joven llega y a través de una subjetiva del mismo vemos que hay un sólo empleado."

Kiarostami: "¿Está adentro o afuera?"

Estudiante: "Está adentro, en la oficina de la gasolinera, limpiando el piso. Cuando termina su labor, cambia el canal de radio y se pone a leer el periódico."

Kiarostami: "¿Qué tiempo ocupa lo narrado?"

Estudiante: "De dos a tres minutos."

Kiarostami: "Eso es bueno."

Estudiante: "Cuando detecta el coche deja el periódico, va hasta la bomba y luego de cobrar regresa al interior. Estamos viendo todo esto a través del lente de un teleobjetivo."

Kiarostami: "Muy bien."

Estudiante: "Pondré un micrófono en el interior de la oficina. Llega otro coche, se detiene frente a una bomba de gasolina. Nadie acude a atenderlo. Por fin sale el empleado acompañado por los sonidos que escucha: grillos, el de la bomba de gasolina mientras despacha al carro, el tintineo de las monedas cuando le pagan. Desde una subjetiva del empleado apreciamos que el carro se aleja, al mismo tiempo que hemos escuchado al motor arrancar y disminuir el sonido hasta desaparecer. Escuchamos los pasos del hombre que regresa a la oficina, el ruido de la puerta al entrar, que cambia el canal de la radio, mientras el aire acondicionado susurra suavemente. Este es el final."

Kiarostami: "Es obvio por lo que explicó, que ha pensado en todos los detalles. Pero no pasa nada en la historia. No hay un cambio de situación entre el principio y el final. Para los espectadores se trata del trabajo de rutina de un empleado de gasolinera. Si usted logra convertir esto en algo interesante para la audiencia, ha logrado una buena película. Pero resulta que usted ha sido muy sintético y el más cuidadoso con los detalles de los alumnos de este taller. Por eso creo que será una buena película. Su historia es la más coherente del taller. Esa es mi opinión personal."

Estudiante: "Traté de limitarme a expresar las percepciones sensoriales de éste individuo, con su trabajo intermitente y mecánico."

Kiarostami: "Lo sé, pero es demasiado poco para un cortometraje, de todos modos le repito una vez más que será una gran práctica. Gracias."

Estudiante: "¿Cree que debo buscar algo más para el final?"

Kiarostami: "Será genial si lo hace. Puede hacer que otra persona venga y le dispare una bala en el pecho, que es un final demasiado… (Ríe) oscuro… (Risas) y limpia su caja registradora y deja… no. Estoy bromeando. No importa si su película es posible, pero tiene que ser creíble."

El siguiente relato pertenece a una chica de México.

Estudiante: "Estamos dentro de un barco que avanza muy rápido y el sol está saliendo lentamente. Cinco pescadores preparan su red y la tiran al mar con sus carnadas. Corte a detalles de cada cuerpo, mientras hacen trabajosa fuerza para hallar la red, cargada de peces que luchan por escapar. Hay gaviotas volando alrededor del barco. Aquí vienen planos de las manos de un hombre golpeando a los peces con un palo para matarlos y otro plano del agua mezclada con sangre en el suelo de la embarcación. Hacemos un recorrido con la cámara tomando esos peces. Algunos están muertos y algunos vivos. Corte a las manos de un niño que está rescatando a los vivos, los pone en un cubo y lo vacía a la mar de nuevo."

Kiarostami: "¿Hay un niño ahí? ¿Quién es el chico? ¿Qué está haciendo él en el barco?"

Estudiante: "Puede ser el hijo de uno de los pescadores."

Kiarostami: "¿Es lógico que lo lleve con él al mar?"

Estudiante: "Sí, lo vi ayer"

Kiarostami: "¿Qué edad tenía el niño?"

Estudiante: "Doce años."

Kiarostami: "Pero un niño de 12 años no hace tal cosa. Si es hijo de un pescador sabe que de la cantidad de peces depende el dinero que su padre lleve a casa. La historia es buena, pero difícil de creer. El ambiente es muy bueno, pero hay que hacerlo creíble. Debes procurar que sea un niño de la ciudad y justificar su presencia en el barco."

Estudiante: "El problema es que no puedo tener ningún diálogo, sólo sonidos de la naturaleza, porque no tengo micrófono."

Kiarostami: "Bueno, pues no tomes al niño que viste. Toma a un hijo de pescador de seis o siete años, justificando que es la primera vez que parte al mar, y por tanto, desconoce el trabajo del padre."

Los que recordamos la historia hecha por Kiarostami sobre el niño atrapado en la red, que es bastante ilógica, nos preguntamos por qué tenemos que seguir la lógica con respecto a este nuevo chico.

Kiarostami dice que desde el principio el realizador hace un contrato con el público, un contrato no hablado ni escrito, sino basado en los códigos que establecemos para comunicarnos con los espectadores. Esos códigos están planteados desde el inicio. Por ejemplo, aquí el mar es real y nuestros pescadores son reales y también el tiempo es real, por lo que la incorporación repentina de algo irreal altera la lógica. Los códigos hay que establecerlos desde el principio. Sería bueno hacer creíble a este chico. A modo de ejemplo, en una obra de Gabriel García Márquez hay un muerto en la cocina. La sangre pasa de la cocina a la zanja, cruza la calle y se acerca a la casa; esto es imposible, y sabemos que no es cierto. Es una ilusión de la realidad y es por eso que, por ejemplo, los surrealistas reorganizan la realidad de acuerdo a sus propios puntos de vista. Como Jean-Luc Goddard que decía 'La vida es una película mal hecha.' Entonces ellos, decididamente la arreglan.

La Imagen se separa por sí misma de la Literatura

Una chica de Barcelona expone su propuesta: "Estamos en el campo de limón."

Kiarostami: "¿Un campo?"

Estudiante: "Vemos por primera vez ese lugar y a los trabajadores en su faena. Recorremos todo el proceso desde la recogida de los frutos hasta que parten, envasados, en el camión."

Kiarostami: "¿Has visto todo el proceso?"

Estudiante: "No, yo no."

Kiarostami: "¿Qué no? Creo que es mucho."

Estudiante: "Al final de esta cadena llegamos a un trabajador que da las gracias a todos cada vez que le alcanzan una caja al camión. Algunos se lo aceptan, otros le corresponden el saludo, pero hay quien se molesta, incluso uno le dice, 'Deja de dar tantas gracias ¡Ojalá fueras como mi gato, tranquilo y silencioso.' Él va a buscar otra caja y cuando vuelve ve a un gato en lugar de ese hombre."

Kiarostami: "Eso es lindo. ¿Es una anécdota real o de su autoría?

Estudiante: "Es una anécdota real de los trabajadores."

Kiarostami: "¿Cómo se te ocurrió la imagen del gato? El final es como un cuento de hadas, no es el final de una película. Resulta formalmente incoherente. Piensa en otra cosa para el final."

Kiarostami hace hincapié en que el recurso expresivo esencial de una película es la imagen, no la palabra. Las versiones que parten de la literatura son buenas sólo para la televisión, en que el texto hablado es importante. Pero en el cine el texto tiene menos peso que la imagen. Su historia es coherente.

"Tal vez usted la recree con accesorios o ropa para darle antigüedad y consiga el efecto de lagunas series de televisión, y encuentre un público que la acepte gustoso."

Las Historias están en todas partes, si se mira la Realidad con Imaginación

Buscando locaciones con Kiarostami llegamos a un desguace de coches. Le gustaba el lugar y quería volver allí con los alumnos para encontrar historias, pero a nadie se le ocurría nada mirando a su alrededor el lugar enorme todos los coches destrozados. Volvimos a clases sin tener ninguna historia, pero Kiarostami eligió a dos de sus alumnos entre los estudiantes y dijo que quería hacer la película del desguace con ellos. El grupo se emocionó mucho al escuchar su proyecto. Él tenía un estudiante, Mark, de Estados Unidos que era alto, de gran cuerpo. Le dijo que se pusiera un overol y le dio una caja de herramientas. Me pidió que lo siguiera con mi cámara entre los coches deshechos. También pidió a otros estudiantes que hicieran planos desde diferentes ángulos. Luego Mark hace una llamada por su celular y dice, 'Dime exactamente dónde se encuentra.' Entonces se acerca a uno. Abre la puerta. Hay una hermosa niña sentada en el coche. El coche es una ruina y no tiene nada, ni asientos ni ruedas, pero Mark le da un espejo a la chica que le da las gracias y se mira en el espejo para arreglarse, entonces el coche vuelve a ser nuevo. Kiarostami encontró un coche nuevo igual a uno de los desguazados y emprendió la realización. El rodaje le tomó un día y fue una demostración magistral para los estudiantes de que se puede hacer una buena película sin gran presupuesto o instalaciones y mediante la supresión de elementos adicionales. Lo importante es mirar con cuidado. La tituló "Espejo."

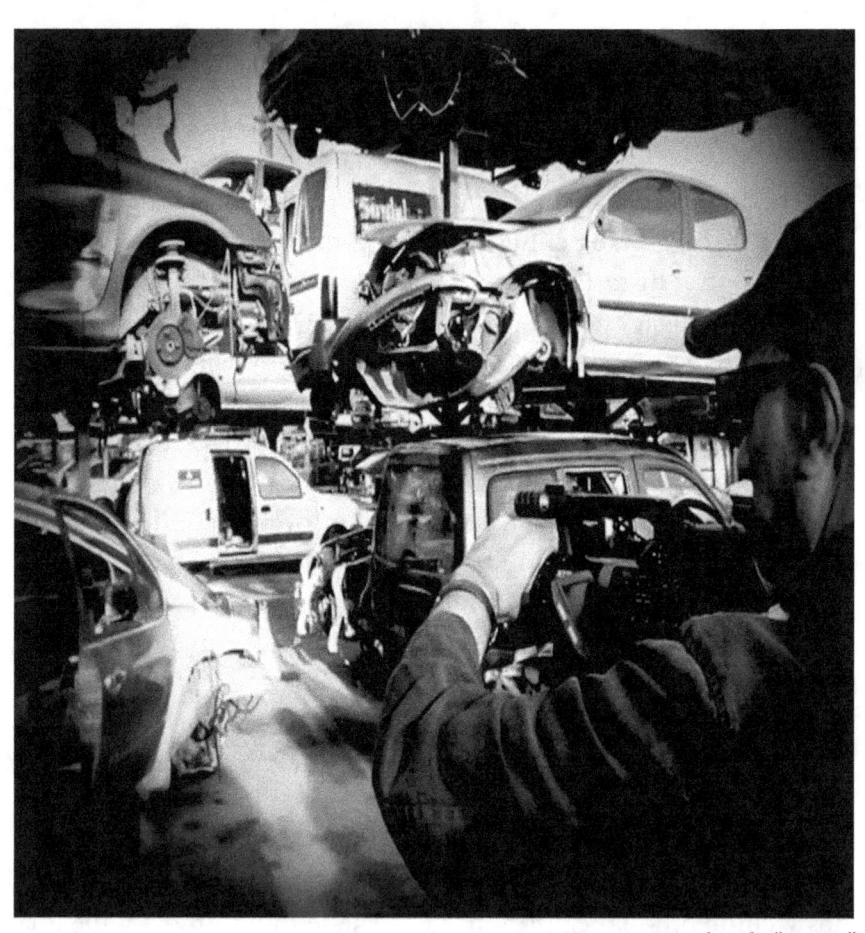
Kiarostami grabando "Espejo."

Mi Padre se quitó la vida con el Trabajo.

A continuación, el proyecto de un estudiante de Murcia.

Estudiante: "Antonio es un agricultor. Su padre se suicidó cuando él era niño, y esa imagen lo persigue desde la infancia. Su cosecha no ha sido buena ese año. La bolsa de su padre siempre lo acompaña."

Kiarostami: "Bien, ¿entonces?"

Estudiante: "Eso es todo, ¿debo explicar más?"

Kiarostami: "Bueno, ¿cómo debo decir esto? Esta es una idea, por favor, nárra la con imágenes. ¿Qué veremos en la pantalla?"

Estudiante: "Comenzamos mostrando una bolsa cerrada, y luego lo vemos trabajando en un almacén donde su padre se quitó la vida."

Kiarostami: "¿Cómo sabremos que se trata del lugar donde el padre se quitó la vida? Dígalo a través de la imagen."

Estudiante: "Antonio trabaja en un almacén."

Kiarostami: "Bien, Antonio trabaja en un almacén y saca una billetera... ¿no?"

Estudiante: "Sí"

Kiarostami: "Si usted tiene en su mente definida su historia, vaya a hacerla. Es su responsabilidad. Si yo fuera usted hacía un plano del trabajador que se encuentra ocupado trabajando y de repente se limpia el sudor, saca su billetera y le muestra a otro trabajador una foto que hay en ella diciéndole, 'Este soy yo a los nueve años, cuando mi padre se suicidó justo en este almacén.' Hay que decir que se suicidó por el trabajo, de lo contrario no podemos relacionarlo con la historia. Son sólo sugerencias. Puede hacer otra versión, por supuesto. Me sentí especialmente identificado con el tema, porque mi padre murió a causa de exceso de trabajo cuando tenía 62 años. El exceso de trabajo lo mató. Creo que están desperdiciando locaciones. La fábrica de cerveza, por ejemplo, ¿quién ha pensado en ella?"

Un par de estudiantes había pensado en el lugar.

"Tengo una idea acerca de que la fábrica de cerveza por si a alguien le interesa. Podemos hacer planos de ese lugar absolutamente sin ningún trabajador. Filmamos todo el proceso del llenado y sellado de las botellas por robots y no vemos ningún ser humano. Al final, las enormes cajas de cerveza son entongadas y tenemos un primer plano de la mano de un trabajador que toma una cerveza y comienza a beberla. Junto a él hay otros trabajadores que también beben cerveza, mientras comentan que están desempleados, porque antes trabajaban en esa fábrica y ahora han sido totalmente reemplazados por robots. Entonces ellos, qué remedio, no encuentran trabajo y descansan mientras beben lo que antes producían. Ahora se les convierte en gasto lo que antes era ganancias. (Risas de los estudiantes.) Cualquier persona interesada es libre de hacer esta película."

Una chica dice que la hará si nadie más la desea.

Kiarostami: "Puede comenzar, pero recuerde que necesita planos de todo el proceso hasta el final de la cadena, para tomar esa comedia... la comedia amarga."

Usted debe dar un giro a sus propios Conocimientos

Como dijimos al principio, una de las razones por las cuales los estudiantes logran crear fácilmente en estos talleres, es porque no sienten presión sobre ellos. A nuestro maestro, tal vez por ética, no le gusta negar los métodos de enseñanza de otras escuelas, pero confía plenamente en su sistema. La experiencia de más de 20 talleres ha demostrado lo que los maestros ejercen demasiada presión sobre los estudiantes y que la mayoría de los graduados son incapaces de hacer cualquier película debido a tanta información innecesaria y si lo hacen son un popurrí de ideas tomadas de otra parte. Kiarostami siempre sugiere que el objetivo temático debe ser la expresión sincera del punto de vista particular de cada realizador.

"Yo no estoy en contra de los conocimientos y disponer de información de la cinematografía universal, pero la mayoría de los graduados de cine se sienten inhibidos por no poder igualar a los antológicos cineastas precedentes. Hay que tener conocimientos, pero apropiarse de ellos, hacerlos personales y entonces comenzar a crear con el privilegio de la autenticidad."

El siguiente alumno es de Córdoba, España.

Estudiante: "Luis trabaja en una ganadería. Ordeña y alimenta a las vacas. Comenzamos en la hacienda, con planos del lugar y de la maniobra de ordeño. Vamos a un pasillo por donde van unas chicas desnudas, sus pechos son hermosos y toman sus lugares para ordeñar las vacas. El objetivo no es erótico. Sólo pretendo cierto símil."

Kiarostami: "Entiendo exactamente."

Estudiante: "El último plano es Luis parado cuando se están llevando a las vacas."

Kiarostami: "Es una historia muy bella. Puede comenzar. Si yo fuera usted usaba un lente de ángulo ancho cuando fuera a alimentar a las vacas, las hace más bellas, un lente que hace un poco de deformación."

Estudiante: "¿Con un lente de ángulo ancho?"

Kiarostami: "Naturalmente, la deformación es menor cuando se encuentran a una distancia y mayor cuando se acerca. Así que toma con ese lente, pero no siempre será la misma imagen. Esto es sólo mi idea, usted hace lo que quiera."

El Vídeo Arte convierte la Fantasía en Realidad

Veamos la siguiente historia.

Estudiante: "Empezamos con planos fijos mostrando algunas tiendas y comercios."

Kiarostami: "¿Qué quieres decir?"

Estudiante: "Comienza con planos fijos que cambian cada cuatro segundos, de una farmacia, la fábrica de leche, una tienda."

Kiarostami: "¿Cada plano es independiente?"

Estudiante: "En el fondo escuchamos el sonido de coches en marcha. En la siguiente toma vemos a alguien que acaba de despertar y está grabando algo en su teléfono celular dice, 'mi nombre es... y soy un astronauta, salgo a las ocho y vuelvo a las 10.' Yuxtaponemos otros cuatro planos de cuatro personas respectivamente, presentándose de forma análoga al astronauta. Todos controlan satélites. A continuación viene una escena de los cuatro sentados en torno a una mesa de conversación. Hay un corte y vemos a los mismos personajes vestidos informalmente y hablando en sus puestos de trabajo reales. El supuesto astronauta, de hecho, es trabajador de una piscina pública, y cada uno de ellos está hablando desde sus puestos de trabajo reales. Mi idea es que cuando somos niños queremos ser esto o aquello, pero cuando crecemos terminamos haciendo otra cosa."

Kiarostami: "La idea es buena, pero hay que calcular las posibilidades concretas de realización del proyecto. Me refiero a lo que va a tomar cuando tenga la cámara en mano. No puede limitarse únicamente a los personajes. Piense en eso. Defina los planos en su mente. Acláreseusted mismo con relación a dónde va a ubicar los personajes."

Otro participante del taller expone su propuesta.

Estudiante: "Debo decir que cuando mi película esté lista quiero mostrarla en dos monitores o pantallas."

Kiarostami: "Ya me lo dijo anteriormente. Hay películas que no tienen una estructura lineal y son vídeo arte. No hay necesidad de repetir aquí la idea del vídeo arte que se propone hacer, porque lógicamente es difícil hacer un vídeo arte comprensible. Así que haga su trabajo, que no es propiamente una historia de cine, y ya disfrutaremos del resultado."

Hace unos días, fui al estudio de Kiarostami en el sótano de su casa en Teherán y estaba trabajando en un vídeo arte con dos de sus estudiantes. Él estaba profundamente involucrado en la creación de un pensamiento sin estar seguro de su final. La imagen de la otra orilla desde el horizonte y unas gaviotas que ponen sus huevos en la playa y las olas tocando unos pies. Había tomado un plano del mar solo con anterioridad y la imagen de las gaviotas en otro momento y otro con las olas llegando a los pies y finalmente el plano del nido. Estaba mezclando imágenes y creando al mismo tiempo, es decir, sin un plan preconcebido como es habitual en él. Me dijo que se había entusiasmado con el vídeo arte y se estaba adentrando en esa creación de ensueños.

"Cuando alguien ve un sueño y quiere definirlo, podría hacerlo con un video arte. Más que la demostración de ideas coherentes, se trata de la transferencia de sentimientos. Un sueño

no se puede contar con palabras, sino con imágenes, porque ese mundo es tranquilo y personal no puede mostrado si no es convertido en una obra que podemos ver."

Kiarostami no estaba seguro de que los estudiantes que querían trabajar el vídeo arte podían expresar sus sentimientos a través palabras para que fueran sometidos a la consideración del grupo en el taller, como se hizo con las propuestas cinematográficas. Así que dejó que hicieran directamente su primer vídeo arte y mostraran el resultado al final del taller.

Todavía estoy buscando un Bastón.

Uno de los estudiantes, el joven español llamado Oliver, había hecho una película sobre Rumí. Le dijo a Kiarostami: "Usted dijo que quería compartir la belleza con los demás, así que ¿por qué no ponemos una cámara entre nuestra vida y nosotros? Hay una historia sobre Rumí que dice: cuando un ciego ve, no necesita bastón."

Kiarostami, pensativo, repite el refrán y le dice a Oliver: "La literatura no utiliza cámaras, sino palabras. De cualquier manera todo el mundo tiene una forma de expresarse. Citaste a Rumí 'Cuando un ciego ve, no necesita bastón.' Rumí usó palabras como vehículo expresivo. Yo uso la cámara para mostrar las cosas como las veo.... pero ¿qué sugieres?"

Oliver: "La belleza es certeza y su grandeza se debe ampliar."

Kiarostami: "¿Cómo? Tenemos la imagen y la palabra como medios... ¿qué sugiere? ¿Cree usted que alguien pueda mostrar a otro algo que no ha sabido descubrir?"

Oliver: "No tengo la intención de cuestionar el arte."

Kiarostami: "Yo tampoco. No entiendo su sugerencia."

Oliver: "A veces pienso como Rumí, 'Tirar el bastón y andar con lo que vemos.'"

Kiarostami: "¿Y qué haces en esta clase? La diferencia entre usted y yo es que yo todavía estoy buscando el bastón... No he llegado y pienso que nunca se llega a la situación de Rumí, pero creo que todos nosotros estamos buscando ese bastón... Al menos yo, como persona humilde que soy, sigo buscando ese bastón para facilitarme este camino."

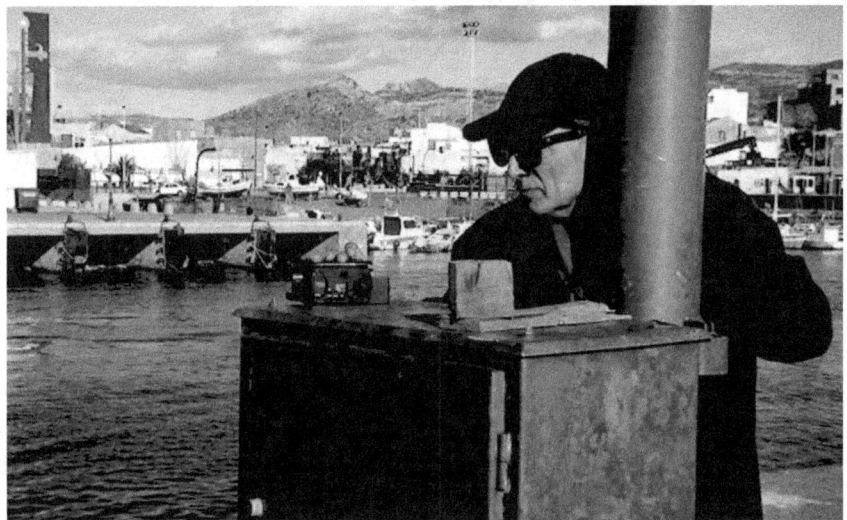

Abbas Kiarostami en el puerto pesquero de Cartagena, cerca de Murcia, España.

A Veces la Historia es Demasiado Complicada

Había un viejo castillo en una colina junto al puerto pesquero, fuimos a visitar esa locación, y un estudiante que se quedó pensando en ella, ahora quería exponer su propuesta.

Estudiante: "Tenemos una imagen del puerto pesquero. Hay un castillo en la cima de la colina con una cerca alrededor. Alguien camina rápidamente pendiente arriba. El camino es un poco duro, pero él lo consigue. Ampliamos el tiro y vemos que es joven. Es su primer día de trabajo como guardián del castillo."

Kiarostami: "¿Su trabajo es proteger el castillo?"

Estudiante: "Sí."

Kiarostami: "¿Has estado allí?"

Estudiante: "No."

Kiarostami: "Vi el castillo desde abajo."

Estudiante: "Yo también."

Kiarostami: "Mira, es poco probable que una persona joven sea elegida para guardia del castillo."

Estudiante: "Hay un montón de castillos en Murcia que están protegidos y hay que visitarlos en ciertas horas porque tienen guardias que lo protegen."

Kiarostami: "Entonces puede ser así, bien. Ahora estamos en el interior del castillo, adelante."

Estudiante: "El guardia de turno anterior está preocupado porque este chico tarda en llegar. Cuando al fin llega, se quita el traje y se lo da. Está apurado por irse, pero le dice que tenga cuide muy bien de que nadie entre."

Kiarostami: "¿Cómo se sabe que es su primer día vigilando el castillo?"

Estudiante: "Por su diálogo con el guardia que lo precedió. El castillo es uno de los monumentos nacionales protegidos. El chico está ahora solo allí. Empieza a mirar a su alrededor, aquí y allá, arriba y abajo para ver lo que está pasando, mira a los campos y el mar de abajo. Está nervioso porque no sabe cuál es exactamente su trabajo, pero pronto le encuentra su encanto; camina en el castillo como un príncipe y ve toda la ciudad desde lo alto. Toma una siesta por la tarde (Algunos ríen), cuando comienza a refrescar se despierta y oye algo. Por lo general, hay fantasmas y espíritus en los castillos. Teme y se esconde. Al mismo tiempo se siente responsable porque es su primer día, así que mira a su alrededor para ver de dónde proviene el sonido. Ve a unos fantasmas."

Kiarostami: "¿Qué es lo que ve?"

Estudiante: "Sólo ve dos sombras con mantas en la cabeza, que se esconden en algún rincón del castillo."

Kiarostami: "¿Cómo sabemos que son fantasmas?"

Estudiante: "No lo sabemos, el chico piensa que son fantasmas. Su miedo va in crescendo hasta que sale corriendo colina abajo."

Kiarostami: "Por tanto renuncia a su trabajo y deja el lugar."

Estudiante: "Sí, su primer y último día."

Kiarostami: "Es buena la narración, pero puede resultar complicada. Sí algo no te funciona, elimínalo, déjalo a un lado. Nosotros también recordamos muchas cosas atractivas acerca de los trabajadores del puerto que desechamos por su complicación. Ahora tienes que ir a buscar un castillo. Fue bueno verlo de abajo, ahora necesitas encontrar el resto de alguna manera. Es un poco largo y complejo. A veces la historia es demasiado complicada. Bueno, usted ha pensado en ello y vaya a hacerlo."

A Kiarostami no le gustaba esa historia en absoluto, ya que por su complejidad el estudiante se demoró mucho en comenzarla, pero el alumno siempre tuvo en mente las sugerencias de Kiarostami. Cuando la película estaba lista vimos que había borrado las escenas extras y fue una de las mejores del taller. El maestro la recuerda después de transcurrido un año.

El Cine no Necesita cosas Extrañas

El siguiente alumno viene y Kiarostami le pregunta: "¿Sus trabajadores están trabajando o descansando? (Todos ríen.) Vamos a ver."

Estudiante: "Es por la tarde en el naranjal y una chica está recogiendo naranjas."

Kiarostami: "Es hermoso hasta ahora y fácil. Hay muchas chicas aquí, usted puede pedirles que actúen. Yo soy feliz con la simplicidad, porque el cine no necesita cosas extrañas."

Estudiante: "La chica tiene movimientos lentos y pomposos y mira a su alrededor."

Kiarostami: "Hasta ahora todo va bien, pero Dios nos ayude para el final." (Los alumnos se ríen.)

Estudiante: "Nos detenemos ahí. Viene un plano del campo y el dueño que indica a un chico el trabajo en su primer día."

Kiarostami: "Yo no entiendo."

Estudiante: "El segundo plano es del propietario que explica a un nuevo empleado cómo es el trabajo."

Kiarostami: "¿Dónde está ocurriendo esto?"

Estudiante: "En la misma escena, él está explicando aquí es donde usted trabajará. Ella es mi mujer que a veces viene a recoger naranjas."

Kiarostami: "Bien, lo tengo, y él le dice al niño: se puede ir y tomar la mayor cantidad de naranjas que se puede llevar con las dos manos."

Estudiante: "Efectivamente, ayer supe que es común para ellos llevar a casa la mayor cantidad de naranjas que le quepan en las dos manos. Volvemos a las naranjas de la cosecha de la señora y el chico nuevo estaba recogiendo todas las naranjas que cabían en sus manos."

Kiarostami: "Usted mencionó esto como una costumbre común, pero ¿cómo se lo hará saber al espectador?"

Estudiante: "El dueño se lo dice en un diálogo."

Kiarostami: "Lo que es bueno, pero ¿Es necesario que ella sea su esposa?"

Estudiante: "Si. Es necesario debido a que el jefe le dio permiso para tomar un puñado y que está tomando un puñado de la esposa del jefe."

Kiarostami: "Es como una broma. Pero ¿por qué tendría que decirle al nuevo trabajador: ella es mi esposa? ¿No podría ser una de las chicas que trabajan allí? Creo que es mejor que tu primer plano sea de varias chicas recogiendo naranjas. Es como una broma, pero usted debe informar correctamente de lo contrario no va a entenderse. Por ejemplo, la chica se vuelve y le da una bofetada, y él le aclara: a mí me dijeron que tengo libertad para coger todo lo que pueda llevar en mis dos manos."

No Debemos imponer nada a nuestros Personajes

Comienza la siguiente historia: "Estamos en el campo de naranjas y vemos dos trabajadores que, cansados del trabajo, están disfrutando de un descanso."

Kiarostami: "¿Cómo están disfrutando?"

Estudiante: "Han dejado de trabajar y están conversando."

Kiarostami: "Bien."

Estudiante: "Algo perturba su conversación."

Kiarostami: "¿Qué sucede?"

Estudiante: "Esto no lo he definido todavía." (Risas.)

Kiarostami: "Te voy a ayudar. Imagina que una bombilla cae justo en medio de ellos."

Estudiante: "No sé cómo reaccionarían, pues no he visto a esos hombres."

Kiarostami: "Está demasiado incompleto, sólo tenemos a dos trabajadores que no están trabajando."

Estudiante: "Lo hacían antes."

Kiarostami: "¡Pero no los vemos! Sólo se ha demostrado que están cansados. Dicen que un día un hombre estaba pintado algo blanco sobre papel blanco, le preguntaron: ¿qué es esto? Él respondió: dos hombres de nieve. Le preguntaron: ¿por qué no podemos verlos? Él respondió: porque el sol salió y se derritieron. Igual que en su historia, sólo vemos dos trabajadores descansando. Algo debe suceder allí."

Estudiante: "Sí. Tengo que pensar…"

Kiarostami: "Puedo ver dos trabajadores con la misma idea de descansar. Ellos están durmiendo en la parte de atrás de un autobús y el autobús sale tocando la bocina. Cuando despiertan el conductor les pregunta a dónde se dirigen. Puede servirle. Muchos trabajadores se cuelan a descansar en los asientos de los autobuses vacíos. Piense en ello. Todavía estoy pensando en la película que tenía el mensaje de amor a través de los limones de principio a fin, el corazón. ¿Alguien quiere hacerla?"

Estudiante: "Tengo otra historia con el mismo campo de limones al lado de la fábrica. Hay pocos trabajadores recogiendo. Al final del día, el jefe le dice a uno de ellos que no se presente al día siguiente porque le sobra gente. Es de mañana y cuando los trabajadores van a trabajar, el que no debía estar allí apareció otra vez."

Kiarostami: "Bueno hasta ahora."

Estudiante: "El jefe le pregunta qué está haciendo allí. Él responde: ayer me dijiste que no viniera a trabajar porque no era necesario pues hay muchos trabajadores, pero a lo mejor hoy el mundo cambia y la gente compra más limones. El jefe mira el trabajador con duda. El trabajador espera en medio del patio. El tiempo pasa."

Kiarostami: "¿Cómo das el paso del tiempo?"

Estudiante: "Por la puesta del sol."

Kiarostami: "Buena idea."

Estudiante: "El trabajador ve un coche acercarse y cuando se detiene, un caballero con cuello y corbata sale y pregunta por el jefe. Están hablando y el obrero despedido está mirando desde la distancia. El jefe mira el trabajador que se levanta y sonríe, la película termina, él piensa que el jefe le tiene un."

Kiarostami: "Tenemos que pensar en algo que deje clara la posibilidad de que el hombre del auto trae buenas noticias de trabajo... Su situación es buena hasta que el jefe le pregunta por qué ha vuelto. Tal vez él pueda responder: He oído en las noticias que la economía está mejorando, pensé que tal vez usted lo oyó también, y quería contratarme, y el jefe puede contestar con una sonrisa, 'Bueno, adelante a trabajar por hoy. Mañana veremos.' Un poco de fantasía y esperanza no le haría daño a nadie."

Estudiante: "Y podemos terminar ahí mismo."

Si queremos Escuchar debemos Aprender a estar en Silencio

Al principio es difícil trabajar con Kiarostami. Pero pronto aprendemos a confiar en él, no sólo por su probado talento, sino porque nos enseña aspectos claves del cine y también de la vida. El principio de conocer nuestras debilidades ante todo y corregirlas para comprender qué queremos lograr, es trascendental y aplicable a todas las esferas. Hay que concentrarse y evitar todo lo que no contribuya a la creación, o que no sean esenciales para un proyecto determinado. Cuando fuimos a visitar las locaciones el primer día, tuvo un fuerte encuentro con un alumno que hablaba por su celular. Abbas mandó a apagar los celulares. Acordó con los estudiantes no discutir o hablar de nada que no tuviera que ver con el trabajo, "Si pasan estos 10 días aguzando la mente y los sentidos, abrirán las puertas de un nuevo y radiante mundo para ustedes." Él siempre dice que es imposible encontrar lo que se busca sin despejar la mente de cosas inútiles. Usted debe concentrar sus ojos y oídos para ver y oír lo que quiere.

"A veces me voy fuera de la ciudad en coche con mis estudiantes en Irán, llevo mi cámara y acordamos no hablar nada fuera de nuestro tema. Así que nuestra mente propicia el descubrimiento de cosas nuevas. Si queremos escuchar debemos aprender a estar en silencio"

Otra chica viene a proponer su historia.

Estudiante: "Comenzamos con un plano del inicio de la cadena en la fábrica empacadora de limón. Los trabajadores colocan los limones en la cinta. Vemos el fruto seguir hasta que llegamos a la parte en que se seleccionan. Luego seguimos los buenos hasta las cajas. Hay trabajadoras que se ocupan de botar los malos. Uno de los malos cae, accidentalmente al piso. Pasa un trabajador con el carrito de los desechos, una de cuyas ruedas choca con el limón que sigue rodando por el suelo. Otros trabajadores sin darse cuenta patean al mal limón caído hasta que lo hacen llegar al pie de un limonero. Allí, varios trabajadores descansan y uno de ellos toma el limón para comérselo."

Kiarostami: "Una vez más los trabajadores están descansando… era bueno hasta la última parte… pero un limón no es una sandía para alimentar a varios trabajadores." (Risas)

Estudiante: "No, hay una bandeja de frutas."

Kiarostami: "Pero las frutas no tienen relación con la historia. Sería más coherente que las hormigas se comieran el limón. Las hormigas tienen la comida completa, las personas no, no es creíble."

Estudiante: "¿Por qué no es creíble que los trabajadores se lo coman?"

Kiarostami: "Porque usted ha hecho este fruto inservible, la gente lo pateó. El camino que va hasta el campo no tiene ningún problema, el final tiene que ser decisivo. Usted no sabe qué hacer con esta fruta. Quiero que se lo coman las hormigas, pero hay que endulzarlo con azúcar."

Tú puedes convertir una Historia en Documental

Algunos de los estudiantes tenían documentales en mente. La obra de Kiarostami se caracteriza por su realismo y como hemos visto en muchas de ellas se funden la ficción y la realidad. Para muchos realizadores los documentales son reportajes organizados de forma tal que expresen sus puntos de vista. Pero Kiarostami cree que ello no es suficiente y exige al género calidad artística.

Un día, buscando locaciones, llegamos a un muelle. Allí vimos algunos pescadores negros. Uno de ellos tenía brazos fuertes y una hermosa mirada. Reparaba una red. Me acerqué y le hice algunos planos. Conversamos un poco. Kiarostami me vio y se acercó a nosotros. El pescador nos contó que llevaba diez años en España solo y que tenía una novia española, pero que no existía la posibilidad de que pudieran casarse. Kiarostami se conmovió y le dijo, "Usted y yo tenemos que salir al mar a las tres de la mañana."

Kiarostami cuya bombilla mental siempre está encendida de repente tuvo una idea y me preguntó, "¿Y si encontramos un bebé de cinco meses en medio de los peces?"

Le contesté que era una historia emocionante, pero demasiado inverosímil para un documental.

Kiarostami dijo: "Estamos en la tierra de Gabriel García Márquez, así que vamos a pensar como él. No tiene mucha lógica pero estará lleno de belleza y misterio. Piense en ello, cogemos un bebé y lo ponemos en el mar entre los peces."

Mi otra pregunta fue: "¿Cómo lanzar un bebé al mar?"

Kiarostami explicó: "Comenzaremos con un plano en que un pescador lo ha subido a bordo el bebé y éste pasa de mano en mano. Cada hombre pregunta al otro si lo quiere y todos lo rechazan, pues ya tienen niños que alimentar. El que lo recogió lo acomoda entre sus ropas. Al poco rato el bebé empieza a llorar y alguien le dice que el bebé lo llama; ya le pertenece."

Esto incorpora belleza al documental desde el comienzo. Kiarostami tenía razón. Fue entonces cuando me dije a mí mismo, "Este tipo de cine es para el disfrute personal y mentes abiertas, sinceras, libres, desinhibidas."

El género documental se puede adornar con sucesos artísticos. El asunto estriba en hacer el resultado creíble al espectador a través del realismo de la puesta y la coherencia de la narración. Usted puede elegir tema para cualquier documental, sólo tiene que activar la parte lúdica de su espíritu infantil, y adornar su obra testimonial con alguna fantasía que resulte coherente a la narración, sin alterar el contenido inherente al género.

"Hay algunas historias del este de Irán que resultan increíbles, como la de ese poeta que tenemos los iraníes, llamado Baba Taher Oryan. Él era un vagabundo que no tenía ni casa, cierta vez pasaba por una escuela y escuchó algunas personas que leían el Corán con voces tan hermosas que abrió la puerta y entró, también lo hizo porque estaba un poco trastornado. Él preguntó '¿Qué están leyendo?' 'El Corán,' le respondieron. Entonces comenta impresionado '¿Cómo ustedes aprendieron eso? ¡Es maravilloso!' Uno de ellos se levanta y lo empuja mientras le

dice que ellos rompieron el hielo de una charca y entraron para aprender, entonces le cerraron la puerta en las narices. Nuestro poeta salió a frío invierno, y después de unos minutos los de adentro escuchan un raro chapaleteo. Ellos salen y ven al vagabundo dentro de una charca llena de hielo. Lo sacan de allí, lo secan y lo calientan. Él está tembloroso, pero les dice, 'Ahora tráiganme el Corán, quiero leer eso.' Ellos le dan un libro y el comienza a leer con mucha precisión. La historia es una ficción, pero no está muy lejos de la realidad y podría pasar.

Un ejemplo está en mi película "Close Up", aquel hombre soñaba despierto y quién iba a saber que ese sueño podría hacerse realidad. Cuando vi la imagen de Sabzian en medio del cine me dije a mí mismo 'Mira esto, una pequeña mentira se convirtió en realidad.' Él quiso ser muy importante y lo logró. No hay nada más cierto que eso, porque no podemos hacer más resistencia cuando somos testigos de un simpático y hermoso sueño. De cualquier manera, tú necesitas traer una historia al mundo que presencias, y esa es nuestra parte de creatividad. Inevitablemente tenemos que tomar algo interesante y añadirle una historia. Usted puede encontrar una historia para algún documental, sólo tiene que activar esa parte juguetona del espíritu de su infancia, convertirse nuevamente en un niño y entonces verás que puedes traer a colación una idea"

Otro estudiante tiene una propuesta.

Estudiante: "Comenzamos en la fase final de la fábrica empacadora de limones, cuando un trabajador carga las cajas para que sean colocadas en un camión. Luego vemos a las mujeres que se encargan de colocar los limones seleccionados en las cajas."

Kiarostami: "Quiere decir que comenzamos por la salida."

Estudiante: "Sí, vemos que ellos trabajan maquinalmente, repitiendo sus acciones de manera uniforme. Luego tomamos un plano de las frutas que vienen hacia la cámara. Aquí, abrimos el plano y vemos la perspectiva de las máquinas. Tomamos el camino de las máquinas en contra de la corriente de los limones."

Kiarostami: "No entiendo cuando dices en contra de la corriente de los limones."

Estudiante: "Vienen hacia la cámara."

Kiarostami: "Ya".

Estudiante: "Entonces vemos las mismas acciones y los mismos sonidos que se repiten. Llegamos a la primera sección, en que dos personas seleccionan los frutos, también maquinal y repetitivamente. De repente, uno de los hombres deja de funcionar, la cámara está fija en él. Coge un limón y un marcador y poner una X en ella. Ahora la cámara se mueve a la inversa, sigue el curso de los limones."

Kiarostami: "O sea, usted está mostrando la película al revés, hasta que hay un limón marcado."

Estudiante: "Exacto. A partir de ahí seguimos al limón con la X, y vamos detrás de él hasta que llega a las damas que los ponen en las cajas. La señora que toma el limón marcado está hablando entretenida de manera que no ve la marca y lo pone en una caja. El trabajador que carga las cajas al camión, devuelve la de nuestro limón protagónico al comienzo del ciclo de la empacadora, y el hombre que lo marcó con la cruz, vuelve a recibirlo entre sus manos."

Kiarostami: "Bueno, yo no lo entiendo, pero espero que su idea salga bien .Su idea tiene que salir en imágenes. Una X no es un mensaje. "

Estudiante: "Voy a tratar de mostrar mi idea mediante la película."

Kiarostami: "Tal vez es difícil de explicar ahora, pero, naturalmente, usted debe hacer lo que quiere hacer, aunque temo que su objetivo se pierda en alguna parte."

Estudiante: "Pensé que este trabajador puede ser despedido por lo que ha hecho."

Kiarostami: "¿Por qué? El pobre hombre no ha hecho nada .Creo que es mejor que en vez de una cruz ponga un corazón en el limón y este mensaje de amor sea adquirido por una mujer en el mercado, que lo toma y se lo lleva en su bolsa. Si no te gusta la idea, puedes pedir otra. ¡Arriba, a trabajar!"

El siguiente alumno es Oliver.

Oliver: "No quiero contar mi historia todavía, porque no he encontrado locación, y puede que la idea tenga que sufrir variantes."

Kiarostami: "Esperaremos hasta que la encuentre."

Los estudiantes ríen, pero Kiarostami permanece serio.

Kiarostami: "Usted, Oliver, es el único de treinta y cinco que aún no ha hecho nada."

Epílogo

Los estudiantes comenzaron a hacer sus películas al día siguiente. Se les podía ver el espíritu de satisfacción que nos produce el proceso de crear. Kiarostami y yo los visitábamos, pues sabíamos que su presencia los animaría y daría más seguridad. Ponían en práctica todo lo enseñado en el taller. Kiarostami también hizo algunas películas cortas en medio de todo esto La conexión entre él y sus alumnos era muy intensa. No se sabía quién era el maestro y quién el alumno. Durante la filmación y edición todos comprobaron la importancia del manejo de las estructuras narrativas. El maestro, con su asesoría, ayudaba mucho a todos a agilizar sus trabajos. En los últimos días se mostraron todas las películas realizadas en el taller. Kiarostami dijo que este era uno de sus mejores talleres por los excelentes resultados. En su opinión no importaba si hacían películas buenas o malas, lo importante es que en 10 días demostraron que podían hacerlo y esto podría ser un nuevo punto de partida para ellos. Ahora estábamos cerca del final y se podía percibir que nadie quería despedirse. Sentíamos la misma nostalgia que cuando culminamos una obra literaria o audiovisual y empezamos a querer a su protagonista.

Unos meses después, visité a Kiarostami. Le pregunté cómo hay quien se aventura a realizar películas sin tener vivencias basadas en la apreciación profunda y claros objetivos conceptuales que transmitir. El resultado es una inmensa cantidad de películas comerciales análogas en su acontecer, con diversa calidad de factura alcanzada que entretienen al espectador sin dejar huellas en su mente.

Kiarostami me contestó: "Son directores que hacen cine por dinero. Podríamos decir mercenarios del audiovisual. A algunos les interesa entretener, a otros asustar, a ninguno hacer pensar. Para ellos el cine es más industria que arte."

Kiarostami tiene bien delineado el límite entre el cine de arte y el cine industrial. Las experiencias que adquiere el público de este último terminan cuando corren los créditos finales. Las huellas del cine de arte van sedimentando en el espectador como vivencias propias éticas, emocionales y estéticas. Considera que el cine industrial es, muchas veces, poco profesional. No poco profesional, porque tenga como objetivo hacer dinero, sino porque sacrifica los principios artísticos y la sincera autenticidad en aras de lucrar. Debemos ganar dinero por nuestro trabajo como cualquier otro trabajador, pero no en detrimento de la obra. Un cineasta debe, ante todo, perder el miedo. Debe tener cosas que decir, objetivos que mostrar desde su punto de vista y ser responsablemente sincero. Pero sobre todas las cosas debe tener una autovaloración correcta para conocer y controlar sus puntos débiles y fuertes.

El Autor

Mahmoud Reza Sani

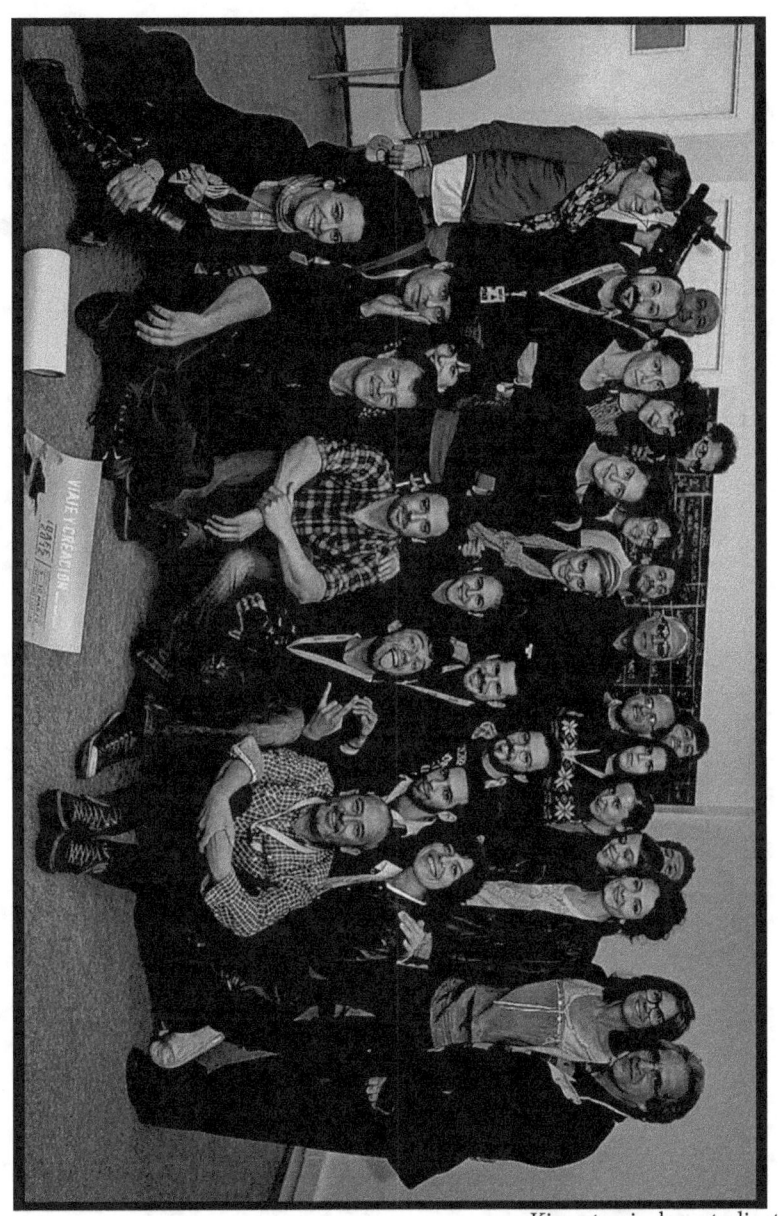

Kiarostami y los estudiantes.

Sobre el Autor

Mahmoud Reza Sani Nacido en Abadan, Irán en 1974. Es un galardonado cineasta y presidente del Festival IBAFF (Festival de Cine Ibn Arabi en España).Escritor, productor, director y actor de cine, ha realizado varios cortometrajes, documentales y series de televisión.

En 2000 fundó Arvandan Film Production, especializada en producciones de bajo presupuesto, documentales y películas rodadas en condiciones difíciles. Mahmoud también es considerado como el "embajador de Cine Pobre," un movimiento internacional creado por el prestigioso cineasta cubano Humberto Solas. Se trata de una red activa de cooperación internacional que promueve la producción de "Cine Pobre", películas independientes de bajo presupuesto y alta calidad.

Su película debut, "Siyamo," una poética canción de paz que nos habla de la búsqueda de su amada en la devastación de un Afganistán post-talibán, ganó el gran premio Cesare Zavattini en el Primer Festival Internacional de Cine Pobre de Gibara, Cuba en 2002. En abril de 2006, su película "Wild Goose," que muestra la locura de la guerra a través de dos personajes opuestos, recibió el premio especial Pobre Zero de la ONG OIKOS.

Ha participado en jurados en festivales internacionales. También imparte talleres de cine en todo el mundo.

Sobre Al lector

Abbas Kiarostami, más que un maestro del cine y un líder de la libertad creativa, es un torrente de sabiduría. Acercarnos a su caudal es a un tiempo ventura y aventura.

Nació en Teherán el 22 de junio de 1940. Desde muy temprana edad demostró gran afición por las imágenes: graficarlas, pintarlas, ponerlas en movimiento, acompañarlas de sonidos y silencios, llenarlas de historias reales, ficticias, hermosas, estremecedoras. Como correspondía a tan delineada aptitud, estudió Bellas artes en la Universidad de Teherán. Fue diseñador gráfico, y posteriormente creó una sección de cinematografía en el Centro para el Desarrollo Intelectual de Niños y Jóvenes Adultos. Es allí, donde realiza su primera obra cinematográfica "El pan y la calle," un documental neorrealista. Luego siguieron los primeros largometrajes, "¿Dónde está la casa de mi amigo?" (1987), "Close-up" (1990), "Y la vida continúa" (1992), "A través de los olivos" (1994). En 1997 recibió la Palma de Oro del festival de Cannes, con la película "El sabor de las cerezas," convirtiéndose en el más universal exponente de la llamada nueva ola de cine iraní. Su última y exitosa obra del siglo XX es El viento nos llevará, de 1999.Su película "Copie conforme" recibió la Espiga de Oro en la 55 SEMINCI y por ella Juliette Binoche ganó la Palma de Oro de interpretación femenina en Cannes 2010. Por su carrera cinematográfica acumula hasta ahora más de setenta premios.

Abbas Kiarostami es una figura emblemática de la cinematografía mundial, especialmente identificada con la libertad de expresión conceptual y estética. Pero su creatividad ondea libremente, también en otros géneros artísticos como la poesía, la fotografía y las instalaciones de Artes Plásticas. Gracias, Abbas, por demostrar que la palabra vida significa, además, creación y libertad.

www.ingramcontent.com/pod-product-compliance
Lightning Source LLC
Chambersburg PA
CBHW071606220526
45469CB00003B/1133